啊，你说得对

否定しない習慣

不否定沟通术

［日］林健太郎 著
黄少安 洪欣怡 译

·长沙·

前　言

"我想让周围的人更喜欢我，更信赖我。"

"我想建立更好的人际关系。"

"我想让下属进一步成长。"

"我想把孩子培养得更好。"

"我想掌握不生气、不斥责的交流方式。"

你是否也曾有过这样的想法？

如果有的话，请你一定要坚持读到这本书的最后。

本书将要介绍在工作和生活中，构建良好的人际关系最有效、最具戏剧性的方法。

你们好，我是林健太郎。

我从2010年作为职业培训师独立工作以来，曾对日本有代表性的外资企业，以及其他企业的800多名经营者进行过培训。

在培训过程中，我不仅观察了职场中上司与下属之间的关系，而且观察了生活中朋友之间、父母与孩子之间等各种各样的人际关系。

怎样才能建立良好的人际关系呢？

人们常说的方法是"表扬"。

不仅在工作中，在育儿等方面也有"多表扬比较好""应该给予肯定""应该给予批评"等各种各样的说法。当然，这些都是不错的方法。

但是，我本人在接触了经营者等众多人士之后得出了这样一个结论。

有一种方法，**既不是"表扬"，也不是"肯定"，更不是"批评"**，而是**"不否定他人"**。这是改变人际关系最有效、最具戏剧性的方法。

人际交往中最重要的是"不否定对方"。这才是改善人际关系、获取理想成果的最简单的方法，比表扬、肯定、批评的效果要强好几倍。

"不否定的习惯"，
让工作甚至人生发生改变的理由

"我才没有否定别人。"
"我没有在否定，我只是在阐述正确的道理而已。"
"'但是''可是'之类的话，不是谁都在说吗？"
有些人会这么说。

实际上，很多人并没有意识到"自己在否定他人"。不仅如此，他们还强调"我是为对方着想才这么说的"。在很多案例中，都出现过因为被对方理解成"否定"而导致双方关系恶化的情况。那么，"否定"的含义到底是什么呢？

本书所阐述的"否定"，并不仅仅指使用"但是""可是"等这些我们常说的提示否定意味的词语的情况。

本书所指的"否定"为以下几种情况。

- 不认可对方的语言、想法和行动的结果。
- 打消对方的念头，不听对方讲话，剥夺对方发表意见的机会，进而表达不同的想法。
- 责备对方的失误或失败。
- 不认真对待对方倾诉的烦恼。

"欸，这也是否定吗？"也许有人会这么想。但从对方的心理层面来看，这些都会在无意中让对方感受到"被否定"。

很多人会在无意识中否定他人，也可以说是养成了"在无意识中否定的习惯"。

把这种"无意识的否定习惯"变成"不否定的习惯"，人际关系就会发生巨大的变化，人际交往中的很多问题也会迎刃而解。

不否定对方的交流方式有以下优点。

- 更容易被人喜欢，而不是被人讨厌。

- **在一起时让人感到舒服。**
- **双方能够毫无顾忌地发表意见、进行交谈。**
- **具有建设性的讨论和谈话会越来越多。**
- **更容易提升对方的自我认同感。**
- **下属更容易成长。**
- **失误和失败不再被苛责,更容易进行新的挑战。**
- **消极的想法逐渐减少。**
- **更容易产生信赖关系。**
- **减少人际交往中的纠纷。**
- **对话更容易展开和继续。**
- **"倾听力"和"认可力"得到提升。**

....

这些优点不胜枚举,会带来许多让人惊叹的效果。

需要我们做的事情很简单,但效果非常显著。

比起"被表扬""被肯定","不被否定"才是构建良好人际关系的关键。

或许有人会觉得"如果是无意识的话,做到不再'否定'似乎很难……"

没关系,"不否定"是一种技巧。

只要掌握了"不否定"的交流技巧,有意识地"不去否定",就会养成"不否定的习惯",你的人际关系就会发生戏剧性的变化。所以,请你一定要养成这种"不否定的习惯"。

如果本书能够帮助你改善人际关系,助你成就更美好的人生,作为作者,我将无比高兴。

林健太郎

Chapter One
第一章
不经意间否定他人的人,是怎么想的?

01 "为了对方好而否定"的心理机制
你也许会在不经意间否定某人 002
大多数的否定没有"恶意" 004

02 在遇到"习惯性否定他人者"和"不否定他人者"后明白的事
美国心理咨询师给我的启发 005
如果不被他人否定会怎么样呢? 007

03 "不否定"会产生心理上的安全性
比"积极思考""表扬"更有效的方法 009

I

04 说着"我没有否定"的人往往是无意识的
否定会有意料之外的模式　012

05 "否定"的能量，出乎意料地可怕
最不能用的"否定"话术　014
存在毫无恶意的"否定"　016

06 "否定"从何而来？
日本人是否习惯了否定？　019
日本式交流蕴含的奥秘　021

07 一个关于停止否定就能顺利推进的故事——"白墨水事件"
"否定"可以根据不同的说法而改变　025
某位葡萄酒调酒师的故事　028

Chapter Two
第二章
培养"不否定思维"

01 "不否定思维"是什么？
不否定的三种基本思考方式　032

02 "不否定思维"的基本 1：
不要有"正因为事实如此所以否定也无所谓"的想法
"我只是在传达事实"的想法是最危险的　034
想象"被说的一方会有什么感受"　035

03 "不否定思维"的基本 2：
不要有"自己是正确的"这种想法
"正确与否的对决"是没有结果的　038
不要否定意见的差异，要达成共识　040

04 "不否定思维"的基本 3：
不要有"太高的期待"
具有魔力的语言——"他也正在以他的方式拼尽全力"　042
从行动中删除"责怪对方"的选项　045

05 沟通不是讲求"感情",而是找到"未来的着陆点"

思考"否定正当化"的前提　047

一味严厉终会让人际关系破裂　048

06 否定是"上级看待下级视角"的产物

如果出现"应该论",试着把焦点放在自己的行动上　050

07 从搞笑艺人组合中学习"不否定思维"

使用"否定"转换的技巧　054

保留可能性的"或许……"的思考方式　056

08 是否被狭隘世界的常识所束缚?

"拓展视野"就不容易产生否定思维　058

习惯性使用冷静的"疑问句"来看待事物　059

09 改变"否定思维"的方法

视野因"否定思维"变得狭隘,就会对重要的事物视而不见　061

思考"自己的认知是事实吗?"　063

10 "被否定时"的应对方法

不去全盘接受消极的话语　065

第三章
学习不否定的技巧

01 yes 情感沟通法
"yes, but 沟通法"没有效果的原因　070
实在没有感情的时候，只用"事实"来结束　072

02 学会"主动沉默"
"脊髓反射"会产生否定　074
将"欲望"和"行动"分开思考　075
对方发言结束后的计数　078

03 复述对方话语的技巧
不必说一些"有用的话"　081
通过"复述"控制对话的速度　083

04 "肯定"的技巧
在理解对方想法的基础上进行复述　085
虽然肯定但并不赞同　086

05 熟练使用"肯定"的方法
"肯定"分为四种　088

06 无法表示"同意"时"肯定"的表达方式

无法表示同意时,可以提出其他选项 095

将对方的话"放入冰箱"后,一定记得取出来 098

07 添加"或许"的练习

培养区分"事实"和"认识"的习惯 101

08 通过调整"非语言"信息消除否定的方法

比语言更有说服力的是"态度" 105

什么是"不否定对方"的非语言交流技巧? 106

"微笑"的习惯,能让自己和周围的人心情愉悦 108

09 如果已经否定了对方,该怎么办?

修正否定的技巧 111

10 不让对方感到被否定的技巧

不会让人感到被否定的三种措辞 113

不否定任何人,才能组建"低调的后援队" 115

11 让对方感兴趣的、具有"魔力"的三个字

成为"润滑剂"的魔法语言是什么? 118

第四章
养成"不否定"的习惯

01 "实况转播"的习惯
总是下意识地否定他人者的自我训练 122
将"一天"分解的模拟训练 124
沟通时,意识到"自己只需安静地待着就好" 129

02 改进说话方式的"六行对话"法
通过"回顾对话",增加下次对话的选项 131

03 培养俯瞰力的"on the chair"法(椅子思考法)
动起来,改变视角的四个步骤 137

04 "知道"与"做到"大不相同
自我训练,不实践就没有意义 145
在印度流传的有关药的故事 147

Chapter Five
第五章
建立"良好人际关系"的对话技巧

01 引导对方持续表达的五句"附和语"

附和就像"捣年糕"一样 150

对话要像"转盘子"一样推进 152

02 让对话和讨论更具建设性的"提问"法

熟练使用两种提问方法 154

"从开放到封闭"的法则 156

03 与对方进行眼神交流的最好时机

"一直看着对方的眼睛"是不合适的 159

04 让人讨厌的一句话——"啊,那个啊,我懂!"

从"我懂"到"我觉得我懂" 161

05 向对方提出"建议"的方法

不要随意打开"冰箱" 164

06 表达"强烈的意见"的对话技巧

改变对话模式的技巧　168

先传达"让对方做好心理准备的话"　170

07 自己因对方的话而变得情绪激动，这时该怎么办？

不要在感情上"意气用事"　173

结　语　177

啊, 你说得对

第一章

Chapter One

不经意间否定他人的人，是怎么想的？

01 "为了对方好而否定"的心理机制

你也许会在不经意间否定某人

很多人会"为了对方好而否定"。

本书将在第一章谈谈这种心理机制。

大多数人原本就知道"最好不要一味否定他人""在不否定他人的前提下让人接受,这很重要"。

那么,为什么我们明明懂这个道理,还是会不小心"否定"他人呢?

让我们一起试着想象一下。

如果你有一个即将上小学的儿子,他对你说"我将来想成为一名宇航员",你会如何回答呢?

"那怎么可能呀?不可能的。"

"你知道那要花多少钱吗?我们家可没有那么多钱。"

"你这脑袋瓜也没有那么聪明吧!"

我想应该会有不少父母说出上面那样冷酷无情的话吧。

| 第一章 |
不经意间否定他人的人，是怎么想的？

话虽这么说，不管是怎样的父母，应该都会发自内心地想要尽力支持孩子的梦想。

可另一方面，父母在想要支持孩子的同时，也容易产生"希望孩子拥有更现实的梦想或目标"的想法。**"最好能让孩子尽早从不现实的梦中清醒过来"，这种无意识的"父母心"正在悄悄发挥作用。**

即使父母没有当场直接否定，也会在无意识中陷入否定孩子的心理状态，这种深层次的心理会通过以下言行表现出来。

- **无视孩子"想要成为宇航员"的话。**
- **不认真倾听孩子的想法。**
- **把孩子往家长希望的出路上引导。**

这些言行都没有恶意，甚至是"出于好意"。也就是说，陷入了"为了对方好而否定对方"的模式，说白了就是"爱的反例"。这就是**"为了对方好而否定"的心理机制。**

大多数的否定没有"恶意"

我的父母以前也是如此。别说是在小学了,即便是在我中学三年级时,我认真地告诉父母"我将来想要成为F1赛车空气动力设计师"的梦想,得知这件事的父母也感到很震惊。

"你这孩子,难道就没有更平常一点的梦想吗?我知道你想说什么,可这……"我依然清晰地记得当时父亲那困惑的表情。顺便一提,母亲听到我的话,只是敷衍地"哼"了一声。

而从学校老师那里,我听到了更加现实的话——"不要说些莫名其妙的话,先认真考虑升学的事情吧!"

现在想起来,我明白了这些话并没有恶意,也明白了出于"大人的常识"而说出这些话的父亲和老师的心情。话虽如此,可这些话确实会扼杀孩子的潜能。

这种"否定"的前提是"为了你好",这种想法把"否定"正当化了。

无意中否定他人的习惯,正因为没有恶意,所以才更加棘手。

02 在遇到"习惯性否定他人者"和"不否定他人者"后明白的事

美国心理咨询师给我的启发

说出自己的梦想便会被人否定。

身为中学生的我便有了这样极端的想法。也正因如此,我的内心充满了对父母、老师的"愤怒"和"不服"。

"我明明是在回答你们问我的'将来想要成为什么'的问题,我回答了却又被你们否定。也就是说,你们从一开始就设定好了答案!"

对中学三年级的我来说,大人们的这种做法无异于"猜拳作弊"。他们从一开始就只想让我说出他们所期待的"答案"。

当然,现在的我已经能够理解父亲和老师当时说那些话的意图了。

在那之后,心怀不平的我虽然经历了很多事情,但最终还是成功到美国留学。在我留学的那所学校里有一个被称作"心理咨询师"的人。

那位咨询师曾问我:"健太郎,你将来想要成为什么样的人呢?"我一边在心里想着"这次大概又要被否定了吧",一边回答道:"将来我想成为一名F1赛车空气动力设计师。"

接着,咨询师回应道:"这个梦想也太棒了!那么,要怎么做才能真正实现这个梦想呢?让我们一起试着想想吧!"

"太棒了?"这是和以前接收到的完全不同的反应,对此我感到十分惊讶。

老实说,这种反应对我来说太新鲜了。自己的梦想被人认可,能自由地说出自己的心声,这种感觉太好了。

可是,虽然我的梦想在现实中得到了认可,但当被问到"怎样做才能实现梦想,一起来试着思考一下"时,我才意识到,实际上自己并没有任何具体的想法。虽然被人否定时我很生气,可一旦被人认可,我却又发现自己并没有真正考虑过具体应该做些什么。

我第一次知道:"啊,原来让对方认清现实还有这样的方式啊!"这对我来说是极为宝贵的经验。

如果不被他人否定会怎么样呢？

从这两种极端的体验，以及近年来我对众多经营者及其他商务人士进行沟通技巧培训的过程中，我明白了以下几点。

- 一味被否定，就会产生愤怒。
- 一味被否定，就无法袒露心声。
- 一味被否定，就难以产生信赖关系。
- 一味被否定，自我认同感就会降低，更会逐渐丧失自信。

相反，也有许多关于不被否定的简单"事实"。

- 如果不被否定，就会产生积极情绪。
- 如果不被否定，就会想要与其进一步交流。
- 在不被否定的沟通中，信赖关系得以建立。
- 在不被否定的沟通中，自我认同感得以提升，使人拥有自信。

也许有人会想："这些不都是理所当然的吗……"确实，这些是理所当然的。可即便如此，我们还是会在现实中有意无意地"否定"他人，这也是不争的事实。

第一章
不经意间否定他人的人，是怎么想的？

03 "不否定"会产生心理上的安全性

比"积极思考""表扬"更有效的方法

如"前言"中所述，停止否定有各种各样的益处。

其中尤为重要的一点是，可以**确保个体间的"心理安全性"**。

"心理安全性"原是一种在商务场合备受关注的思考方式。

它是由哈佛大学组织行为学研究者艾米·埃德蒙森提出的心理学术语"psychological safety（心理安全）"翻译而来。

这一名词也因谷歌发表的主题为"高效的团队具有心理安全性"的研究结果而广为人知。

具体来说，"心理安全性"就是**在团队中，无论谁发表什么言论或提出什么意见，都无须担心遭到否定或拒绝的心理状态。**

相反，人一旦被否定（或被拒绝），就会突然变得不安，工作表现也会变差。

因此，如果知道无论进行怎样的交流，对方都不会"否定"自己，那么人们就能毫不畏缩地畅所欲言。

因为心理安全性通常是在商业语境中谈论的，所以很多人容易认为这是用在组织中的概念。但其实在人与人之间的日常交流中，也必然会产生这种心理状态。

如果你能养成**"不否定他人"的交流习惯，就能在与对方的关系中建立心理上的安全性。**

如果能做到这一点，会发生怎样的变化呢？

让我们试着从对方的视角来分析一下。

- **无论我说什么，他都会先认真倾听。**
- **我能够坦率地说出自己的想法。**
- **我能安心地与他对话、讨论。**
- **我即使失败了或犯了小错误也不会被他责备。**
- **我有做不到的事也不会被他看不起。**
- **我总是能做真实的自己。**
- **和他在一起时感觉很舒服。**
- **工作变得愉快，让我干劲十足。**

第一章
不经意间否定他人的人，是怎么想的？

你们觉得怎么样？

这里只展示了一个例子，如果能通过"不否定"的方式来确保心理上的安全性，就能建立良好的人际关系。

虽然社会上一直在强调"积极思考"和"表扬"的重要性，但其实也不用把它想得那么难。

"不去否定"，只要做到这一点就足够了。

到这里，我介绍了停止"否定"产生的效果，但更重要的是，要理解"互相之间在交流中不否定对方，效果就会更加显著"这一道理。

心理上的安全性不可能仅靠一个人建立。**互相之间不否定，通过这种方式，就可以创造一个没有否定和拒绝的环境。**这就是"心理安全性得到保障的状态"。

为此，我们能做的就是，每个人都先停止"否定式交流"，养成不否定他人的习惯。

04 说着"我没有否定"的人往往是无意识的

否定会有意料之外的模式

"不,请稍等一下,我并没有否定对方的意思。"

"也许有人喜欢否定别人,但我不是那种人。"

当我指出否定式交流的弊端时,总有人会这么说。但事实上,就算我说"肯定会有人习惯否定别人",也很少会有人认为那是在说"自己"。

本书中谈论的"否定他人者"不仅限于"无论对方说什么都用'但是''不过'来否定对方的人"。当然,这些人也被包括在内,但不限于这些人。

大家在日常交流中是否有过以下行为呢?

- 在对方说话的过程中打断对方,继而说出自己的想法。

第一章
不经意间否定他人的人，是怎么想的？

- 在对方陈述观点时，用"这种想法也挺好的，但是……"来表达自己的意见。
- 在听对方说话时，没有看向对方，而是一边做别的事一边听。

这些行为的共同点在于"没有在语言上否定对方"。

这样的交流在日常生活中应该经常发生。

例如，有这样一些人，对方明明在跟他说话，他却一边听一边玩手机，对对方说的话毫无反应。

这就是一个"否定"的典型案例。

05 "否定"的能量，出乎意料地可怕

最不能用的"否定"话术

"可我们总有不得不否定的时候吧？"

"你的意思是，不要指出对方的错误？"

也许有人会这么想。当然，正如各位所说，因为情况不同，有时候很难做到"不否定"。尤其是在商务场合，有时为了做出合理的决策，如果对方做出错误的判断或行动，我们就不得不进行否定。因此，我并不是想说否定100%都是不好的。

但是，"否定"具有将事态引向消极方向的能量，"否定"带来的负面影响会超出你的想象。而且，更严重的是，很多人对于"否定"的这种能量毫不在意。

在此，我要问大家一个问题。

"否定中最不能做的事情是什么？"

当听到这个问题时你们会想到什么？

| 第一章 |
不经意间否定他人的人,是怎么想的?

如果允许我稍微考虑一下,那么我会给出这样的回答:"最不能做的就是否定对方本身的存在。"

- 如果公司说已经不需要你了……
- 如果在学校被各种人无视……
- 如果无论说什么都没有人听进去……

这些就是在"否定对方本身的存在"。

当一个人本身的存在遭到否定时,作为人的尊严就会受到伤害,心灵也会受到巨大的打击。当然,我觉得正在阅读本书的读者是不会做出这种否定的。话虽如此,但很多人会在否定他人的意见时不小心犯这种错误。

而且,**有时候即使你觉得你只是"否定了意见",但对方会认为"否定意见就等于否定我本身"**。

"绞尽脑汁想出来的策划案在报告会上被全盘否定。"

"苦思冥想提出的意见在会上没有被采纳。"

即使否定者认为自己只是"对意见进行了否定",被否定者也会倾向于认为"我的存在被否定了"。

也就是说,这些并非有意的、清晰易懂的否定。

我们需要认识到，哪怕并没有使用"但是……""不是这样的……"等类似的语言或是直接指出对方的错误这类直截了当的否定方式，即使是误解，也会有很多人因为接受方式的不同而感觉自己"被否定了"。

存在毫无恶意的"否定"

在此，我想介绍一个真实发生在某个团体中的故事。

这是一个定期召集各类企业的人事负责人参加学习会的业界团体，学习会的主持人常年由这个团体的人事负责人 A 先生自愿担任。

有一次，A 先生要辞职了，大家就商量着"选出一个可以替代他的人"。

这个团体的秘书长比较喜欢让负责人自由地做决定并推进工作，所以 A 先生就没有事先征求秘书长的意见，而是直接问"有没有人想担任学习会的主持人？"，并面向所有成员进行了公开招募。

结果，一位两个月前刚加入团体，只参加过一次学习

| 第一章 |
不经意间否定他人的人，是怎么想的？

会，还不太清楚学习会组织流程的成员举起了手。对此，秘书长感到很为难。

虽然有可以自由做决定的团队文化，但谁也没想到"代表团体活动的主持人"这样重要的角色，会在没有经过秘书处确认的情况下，就粗暴地面向全体成员进行公开招募。

结果，一位对团体事务、成员构成、学习会的组织方式等都还没了解清楚的成员举起了手。秘书长自然觉得情况有些不妙。

于是，他针对这种情况做出了"必须介入"的决定。

经过慎重考虑，秘书长对 A 先生这样说道：

"这次是要选出一位对团体来说非常重要的主持人的角色，所以还希望你不要一个人做决定，而是事先跟我商量一下。你出于责任感而直接采取行动是可以理解的，但这是与团体全员相关的问题，是不是事先和秘书处商量一下再决定会更好呢？如果事先没有商量，那么还是希望你重新召集团体成员，大家商量后再确定选拔标准。"

可接下来……"我觉得自己对于自身离职一事负有一定责任，所以才出于好意做了这件本没有必要做的事，结果还遭到抱怨，这我实在没想到。况且，我是作为志愿者无偿参加这个活动的，你用这种方式跟我说话，真是太过分了！"他就好像自己的一切都被否定了一样愤怒地控诉。

结果，他到处跟周围的人说"这个团体太差劲了"，之后便丢下选择接班主持人的事擅自离开了。

当然，秘书长根本没有想过要对 A 先生进行人身攻击。作为秘书长，他只是担心这件事会影响学习会的顺利运营，并且考虑到如果候选者在现阶段很难担起主持人的重任，候选者本人也会对此感到痛苦，于是才特意出言干涉的。

但结果却产生了误会，闹得双方不欢而散。

像这样的"否定"，即使完全没有恶意，也可能会因为某种不恰当的表达方式而激怒对方。

| 第一章 |
不经意间否定他人的人，是怎么想的？

06 "否定"从何而来？

日本人是否习惯了否定？

在此，我想稍微提一下日本国内和其他国家在"否定"方面的差异。

在欧美那些不同人种混居的国家，"任何人都可以自由地表达自己的意见"，这种文化已经根深蒂固。

"你剪头发了吧！我还是喜欢你以前的发型！"

"有人也这么说过，但我还是想挑战一下以前没有尝试过的发型。"

"啊，原来是这样，那我就懂了。"

这样的对话在他们的日常生活中经常发生。

在欧美有这样的文化——"虽然自己不喜欢，但他人也能有这样的做法或想法""把对方的想法当作一种意见来接受"。事实上，我们经常可以见到"我不同意（I don't agree）"，但"我可以理解（I see your point）"这种类似的表达方式。

欧美那些拥有不同文化和思维方式的多民族混居国家，倾向于接受事物的多样性，他们非常重视在承认多样性的基础上展开对话。

与此相反，我觉得日本则存在"从字面上就能明白""根据上下文理解一下吧"这类模糊不清的表达方式。

我经常和外国朋友们一起工作，所以分析了不同国家的交流倾向。根据分析，我发现日本人不会明确地说出自己的想法，而是倾向于带着"觉察"的文化进行交流。

所谓"觉察"，就是不听完对方的主张，而去推测对方要说的话。我觉得在刚才的案例中，就出现了类似的情况。A先生在听了对方的话之后，推测起了其背后隐藏的意图。也就是说，"对行为的指责"会被理解成对"人"的全面否定。

这样想来，这种即使直接否定也会被从多样性的角度接受的所谓"欧美型"交流方式，和从对方说话的字里行间、停顿中进行"觉察"的所谓"日本型"交流方式，可以说两者有很大的差异。

如果将两者进行对比，也可以理解为，与习惯直接接受否定的欧美型交流方式相比，日本人不习惯直接"被否定"。

话虽如此，但在这里，我想说的并不是"明确表达自己的意见在世界范围内是正确的，所以日本也应该如此"。

文化和习惯存在差异，如果不承认这一点，而只是一律做到"把话说清楚"，在现实问题的沟通中就会成为产生纠纷的根源。

我认为，既然日本人在现实中不习惯否定，那么思考如何使用不否定的语言、行为，以及交流方式才是合理的。

日本式交流蕴含的奥秘

在此，你也许会产生疑问。

"为什么日本人不习惯被否定呢？"

别说欧美了，全世界都有表示否定的语言，所以我们也许会觉得不同国家之间并没有什么差异。

但我们仍能感受到因为文化背景不同而产生的一些差别，具体来说，我认为有以下两种情况。

- **基于乡村社会的思考。**
- **没有"不"这种直接的表达方式。**

让我们逐一分析一下。

- **基于乡村社会的思考。**

这是一种普遍的观点,大家认为在日本人的日常生活中还存续着"乡村社会"这种无所谓好坏的风俗。

"乡村社会"是指以村落为单位的地域社会,一般来说,拥有相同生活习惯的人会有序地聚集在一起,如果有人打破相关规则,就会被排除在外。这也就是所谓"排他性群体"。

与周围想法不同的异己分子,稍有不慎就会被逐出村落……我认为,在日本人的心中,这种过去农耕民族所拥有的思想基因和文化依旧根深蒂固。

正因如此,对于与周围的人的看法或社会常识不符的事物,比起依据自己的判断进行否定,他们更倾向于使用"从常识上来说应该是××""应该是××"等表述进行

| 第一章 |
不经意间否定他人的人，是怎么想的?

否定。

过去出现的"你到了××岁就该结婚""我很在乎面子"等说法，也可以说是在"乡村社会"背景下产生的。

因此，人们会在无意识中把"被否定"和"无法在群体中待下去"等同，从而产生强烈的不安和恐惧感。

● **没有"不"这种直接的表达方式。**

日语的特征之一就是几乎不使用表达"不"的词语。

"是"和"不是"作为语言是存在的，但"不是"这个词在日语的日常会话中很少被积极使用。

例如，在美国餐厅，当被问到"要不要再来一份面包?"时，如果你不需要，你一定会回答"No, thank you"。你会直接说"不"来表示拒绝。这句话翻译成日语就是"不用了，谢谢"[1]。但是，日语不喜欢这种直接的表达方式，一般会用"啊，没关系"[2]这样的表达来代替。

虽然这是"日语之美"的体现，但日语中不喜欢直接说"不"的偏好也凝聚在了这些表达之中。

---

[1] 原文为"いりません、ありがとう"。——编者
[2] 原文为"大丈夫です"。——编者

在此，日语的语言特点也起了一定作用，当人们被对方"否定"时，就会觉得自己受到了伤害。

那么，为什么日本人明明不习惯否定，却还要否定对方呢？

不符合"乡村社会"常识的人会被否定，这是残留在传统观念里的。

只要自己否定对方，就意味着自己在那个群体中不会被攻击。只要攻击对方，自己就是正义的一方，也就不必担心遭到别人的攻击。

本书的目的并不是挖掘不同文化的背景，所以关于这点我就写到这里。但近年来，名人稍有失言就会在社交媒体上引起轩然大波，不禁让人觉得日本人已经变得"喜欢否定"了。

当然，并不是说在这种文化的影响下我们就束手无策了。

我相信，只要我们每个人都能尊重对方的存在、意见和想法，养成"不否定"的习惯，就能生活得更舒适，构建更美好的人际关系。

| 第一章 |
不经意间否定他人的人，是怎么想的？

07 一个关于停止否定就能顺利推进的故事——"白墨水事件"

"否定"可以根据不同的说法而改变

这一章的最后，我们来介绍一些例子。

我以前在印刷公司从事"胶印"的销售工作。当时，一个客户委托我：

"这个部分，可以使用白墨水吗？"

事实上，我经常会从客户那里接到这样的委托。也许有人知道，胶印原则上不存在白墨水。（在丝印技法中，白墨水是存在的，但在一般轻印刷所用的技法中它是不存在的。因此，当我们要在背景中用蓝墨水印刷底色时，我们留出白色文字的部分不上色，用这种技法来表现白色。）

这种情况下，如果我解释说"我们没有白墨水"，想必很多客户会怒火中烧。

"怎么可能！你们是印刷厂，怎么可能连白墨水都没

有？你太不专业了！不要怕麻烦，让你做你就去做！"

但无论跟我说多少次"快去做"，因为真的没有白墨水，也就没有办法做到。

"不是我不愿意，就是没有白墨水啊！"

"我说有就有！"

这样无休止的争论每个月至少会发生一次。于是，后来我改变了应对方式。当客户说"这里要用白墨水印刷"时，我决定概不否定。

"这里要用白墨水！"

"白墨水，对吧？您想把这些文字印成白色，让人看清楚，是吧？"

"是的，我想印出白色的文字，让人看得更清楚，所以拜托了！"

"您想印出清晰可见的白色文字，关于这一点，能不能让我们再想想办法呢？"

"嗯，这样可以的。"

通过这样的对话，在交货时，我再给客户展示印刷成品，然后说道：

"这次的背景是红色的，所以我们试着在印上红色时，

| 第一章 |
不经意间否定他人的人，是怎么想的？

留出了白色文字的部分，让文字看起来更清晰。您看怎么样，白色部分印得很漂亮吧？"

"哎，还有这样的方法啊?!"

这样一来，客户对我很佩服，我的内心也得到了极大的满足，可以自豪地对下属说："喂，你们知道怎么把白色文字印得这么漂亮吗？"

心理学上把这种现象称为"重构"。即使说的是同一件事，如果能从另一个角度重新解释，然后用语言表达出来，就可以改变留给对方的印象。

"我们没有白墨水。""不可能，你们肯定有。"诸如此类的争论毫无意义。到底哪一方是正确的，也没有必要在逻辑上进行争辩。

不要进行任何与否定有关的对谈，如果你能提出建议："能否允许我使用更好的方法？"那么，所有的问题都能圆满解决。

啊, 你说得对

某位葡萄酒调酒师的故事

再说一个例子。这是一个专业葡萄酒调酒师的故事。

调酒师的工作就是为客人提供与菜肴最相配的葡萄酒,让他们度过一段舒适的时光。

因此,否定客人的话、破坏当时的气氛的行为是不被允许的。

有一次,一位客人对那位调酒师说道:

"能给我一瓶××牌子(葡萄酒的牌子)的红葡萄酒吗?"

或许这位客人是想在女性同伴面前展示自己"对葡萄酒很了解"。但很可惜,那个牌子是白葡萄酒的牌子。

这时,回答"这位客人,××是白葡萄酒的牌子"是一种很简单的做法,但如此一来,便会让客人感到丢脸。

所以,当时那位调酒师这样回答道:

"您对××产出的红葡萄酒很了解呀。但很可惜,我们这里没有准备,可以用味道相似的××葡萄酒代替吗?"

这样一来,就可以在不让客人感到没面子的情况下顺利解决眼前的问题。

| 第一章 |
不经意间否定他人的人,是怎么想的?

在这种场景中,**即使对方确实错了,你否定对方,甚至反驳对方,也不会有什么好结果。**

与其这样,不如改用"不否定"的措辞,将事情向好的发展方向推进。

"思考表达方式和措辞",也就是"思考对方的接受方式和感情"。

也许有人会有这样的想法:"别人犯了错,我们指出错误,有什么不对?"但如果我们一直进行"否定的对谈",谁都不会有收获。

即使对方 100% 是错的,但只要我们在措辞上稍微下功夫,就能极大地改变留给对方的印象,改善与对方的关系。

啊, 你说得对

Chapter Two

第二章

培养"不否定思维"

01 "不否定思维"是什么？

不否定的三种基本思考方式

就像上文所阐述的那样，几乎没有人会意识到"自己一直在否定别人"。但是，这种不自觉的否定正好是导致交流不畅和人际关系不协调的重要原因。

在此，我希望大家能够掌握不否定的技能，并养成不否定的习惯。学习这一点的前提是，拥有"不否定思维"。

所谓"不否定思维"，就是指在交流中"拥有不否定别人的意识"。可以说，如果没有这种思维，即使学习了各种各样的技能，也很难灵活地运用它们。

另外，在无意识的"否定"中，也很难培养"不否定思维"。

在此，我归纳了几点，想要和大家一起分享。

培养不否定思维有三种基本思考方式。

第二章
培养"不否定思维"

- 不要有"正因为事实如此所以否定也无所谓"的想法。
- 不要有"自己是正确的"这种想法。
- 不要有"太高的期待"。

下面,我简单介绍一下上面几点。

首先从掌握不否定的思考方式开始吧!

02 "不否定思维"的基本 1：
不要有"正因为事实如此所以否定也无所谓"的想法

"我只是在传达事实"的想法是最危险的

在无意识中否定下属的上司经常会说这样的话：

"我不是在否定你，我只是在阐述事实而已。"

"是因为你错了，我才指出来的。"

我们经常能听到这种说辞。这实际上是个大问题。换句话说，正因为这些都是事实，所以情况才更加糟糕。

"只是在传达事实"，这种思考方式是对否定对方、责怪对方的行为进行肯定，将"否定"的全部行为正当化。

正确的言论有时会成为武器，被当作攻击对方的理由来使用，是一种危险的工具。

当然，在会议的讨论中，基于正确观点和事实的反馈还是有必要的。

第二章
培养"不否定思维"

比如,当下属对销售工作有所懈怠时……

"你的工作内容是销售,对吧?怎么能完全不去接触新客户呢?这样下去,如果完成不了这个月的目标,你打算怎么办?"

这话怎么样?这似乎是职场上最常见的对话之一。

如果只有这些就好了,但还是会有人以此为开端,顺藤摸瓜地找出对方其他做得不好的地方,然后以"你上次也错了""迟到次数太多了""借口太多了"等为理由,没完没了地指责对方。

即使上司指责的内容是事实,是正确的,也会将对方逼入绝境。

然而,说这些话的人,往往认为自己既不是在责怪对方,也不是在否定对方,而只是在"阐述事实"。

想象"被说的一方会有什么感受"

在此,我希望你们思考的,**既不是"你是不是在否定",也不是"你说的是不是事实",而是"被说的一方会不会认**

为自己被否定了"。

想象"被说的一方会如何理解和接受"是很重要的,这是"不否定思维"中很重要的一点,请你们牢牢记住。

如果无法意识到"你正在否定对方,或者至少是在说让对方认为是否定的话",那么你根本就无法解决问题。

因此,比起"为了锻炼下属而有意识地进行否定","认为自己大概没有否定下属"这一想法的性质更加恶劣。

无论如何,请你们注意,自己现在是不是在不知不觉中否定了对方,且因此带来了不良的影响。

注意的方法就是**观察听完你的话之后"对方的态度"**。

- **勃然大怒。**
- **低头默然以对。**
- **紧握双手。**

如果对方的态度呈现出以上至少一种消极特征,那么你很可能已经否定了对方。请注意在对话结束后,**检查自己是不是否定了对方**。这样一来,就能意识到原来自己的言行是在否定对方。

"意识到自己正在否定对方",这是养成"不否定习惯"的第一步。

然后,不要认为**"(对方犯错)是事实,所以说什么都无所谓"**,而是要去思考**"即使是事实,被否定的对方又会怎么想呢?"**,这一点尤为重要。

03 "不否定思维"的基本 2：
不要有"自己是正确的"这种想法

"正确与否的对决"是没有结果的

最近,"驳倒"这个词引起了热议,"议论就等同于决出胜负"的思想风潮变得越来越强烈。

确实,例如在某个工作项目中,关于"A 和 B 哪个措施更有效"这一议题,在意见出现分歧时,会通过意见的交锋来决定最终的结果。

相反,在日常交流中,一旦把"胜负"作为前提,就会引发争执,那么一定会有一方感到不快。

虽然在商务或政治场合中,有时我们也需要驳倒对方,但在绝大多数情况下,根本没有必要为了"决出胜负"而议论。

而真正重要的是,我们是否能够将"意见的差异"作为多样性的表现去认同。

| 第二章 |
培养"不否定思维"

就交流来说,绝大多数情况下本就不存在某一方单方面是错误的情况,而往往是双方都有各自的道理。

我曾在与心理学相关的文章中看到过这样的观点:"在成年人的关系中,有 69% 的问题和课题不存在明确答案。"

也就是说,世界上的人际关系问题,多数情况下都没有像数学一样的"唯一正解"。**正因为我们讨论的是没有明确答案的问题,所以"正确与否的对决"不会有结果。**

我有一个朋友,和妻子因为"是否要让孩子上国际学校"的问题而争吵起来。妻子主张"从小进入国际学校,将来就不会因为学习英语而受苦",而我的朋友则认为"没有必要在日语还不熟练时就学习英语",两人因此针锋相对。

就像这个例子一样,有时候"意见的差异"会和"否定"等同起来。

针对自己和对方意见上的差异,如果双方坚持"自己的才是正确答案"并互相争辩,那么争辩只会沦为一场战斗。就算有一方胜出,也一定会留下遗憾。

即使双方的争辩在当时有所平息,但当再次遇到有意见分歧的问题时,当时的问题也会再次显现。

不要否定意见的差异，要达成共识

互相主张对方的"正确性"，不要因为"和自己的想法不同"而互相否定，这样才能让双方都感到愉快。

重要的是，要认识到"意见的差异"不等同于"否定"。

有不同的意见其实很正常。

我们应该做的是理解意见的差异，然后达成共识。不，也许称为"找到共同的目的"更加合适。

例如，在刚才的例子中，"选择附近的学校"还是"选择能学习英语的学校"，尽管夫妻两人的意见不同，但双方所持的目的是相同的。例如，"希望孩子轻松快乐地成长""希望孩子在令人安心的学校愉快地生活"等，首先要理解双方目的的一致性，然后有意识地朝着这个目标推进。

双方不是互相争斗的敌人，而是战友，是拥有相同目的的伙伴。

如果能够理解这一点，接下来就让我们一起听听对方的想法，听一听对方"想要怎么做"。

而且，重要的是在双方共同"目的"的基础上，找到各自认同的点。

| 第二章 |
培养"不否定思维"

最后，我的那个朋友在与妻子讨论完共同目的之后，"参观了几家可以稍微学一点英语的学校，最终决定让孩子在上附近的日本学校的同时参加校外的英语体验课程"。

像这样，停止互相之间通过"正确与否"的对决来分出"胜负"的讨论吧。即使意见有差异，也不要互相否定，而是要"寻找一个能把双方意见中好的部分结合起来的选项"，并朝着这个方向努力。

04 "不否定思维"的基本 3：
不要有"太高的期待"

具有魔力的语言
——"他也正在以他的方式拼尽全力"

"否定"他人的具体情况有很多种，其中一种就是对方"没有满足我的期待"。

"期待"和"被期待"是积极的语言。因为对方有能力且自己相信对方，所以才会有期待吧。

但是，如果这种期待落空，人们就很容易否定对方。根据情况不同，有的人甚至会愤怒地责骂对方。

很早之前，我也曾因为信任而把工作交给下属，当他没有达到我的期待时，我就疾言厉色地指责他："就这样，能说是专业人士做出来的吗？""难道不是你懈怠、偷懒了吗？"

当然，其实我并不是想否定他，恰恰相反，我对他寄予厚望。并且，他也在为了不辜负我的期望而努力。但结果是我感到"失望"，进而用严厉的语言指责他。

在这件事过去几周后的某一天，我和一位在美国担任职业培训师的朋友聊天。随着话题的深入，我谈到了刚才提到的下属的工作状态。

"他这个人啊，虽然很努力，但工作就是完全达不到合格的标准！"

朋友一开始问我："为什么那个人的工作进展会不顺利呢？"但又突然像是意识到了什么，开始这样说道：

"健太郎，我觉得那个人既不是故意降低工作效率，也不是为了找碴而故意导致工作不顺利的。我想啊，那个人也已经在拼尽全力地工作了。"

确实，那位下属绝不可能是工作不认真或工作没有干劲的类型。他以自己的方式全力投入工作的样子，谁都看得出来。他只是因为工作的推进方式和措施不得当，所以没有取得好的成果。

然后，朋友又接着说：

"如果是这样的话，即使最后的结果比我们期待的低很多，我们也不得不承认'他已经在拼尽全力地工作'这一

事实。"

这一切听起来好像都是理所当然的。但如果是在商务场合中，我们就很容易在不经意间因为他人工作效率低而全盘否定他人。

虽然我们会很轻易地评价他人"工作效率低""工作能力差"，但其实在工作中，他们并不是所有事情都没有做好。

除了故意犯错这样极端的情况，至少"他本人正在以他的方式拼尽全力"。

更何况，上司的指责也是在教导他，让他学会工作。

听了身为职业培训师的朋友的话，我深刻反省了自己。从此以后，无论下属的工作有多么"低于预期"，我都不会立即否定，而是在脑海中条件反射性地去想：

"那个人也正在以他的方式拼尽全力。"

我像念咒语一样在心里默念这句话。

自从我开始默念这句话之后，我学会了控制自己的内心，即使下属在工作上没有达到我的预期，我也不再愤怒，不再用严厉的语言去指责他们。

第二章
培养"不否定思维"

从行动中删除"责怪对方"的选项

当然,或许有人会这样想:

"话虽如此,但毕竟是工作,满足期待不是理所应当吗?说什么那个人已经拼尽全力了,这种想法难道不是在对工作成果放任不管吗?"

事实确实如此,但也请试着想一想:

在这种情况下,即使向对方发火,也不会有什么建设性的成果。就算暂时解决了那个工作上的问题,但当再遇到其他困难时,也只会随着情绪的变化而发泄愤怒。

这样一来,下属不仅不会成长,还会变得畏缩不前、意志消沉,工作效率则有可能进一步降低。有些情况下,他甚至还会考虑辞职离开公司。

这里我提一个建议。

那就是,**从行动中彻底删除"责怪对方"的选项。**

原本"对对方的期待",也只是我们自作主张的期待。 对方无法回应这种期待,也是极有可能发生的事情。

如果对方的工作没有达到预期,你只需改变自己的行动就可以了。

"询问对方实际的工作方法。"

"询问对方对问题的感受。"

"一起思考取得预期成果的正确方法,将其变成任务。"

像这样,与其情绪化地宣泄愤怒,不如思考"那我怎么做才能成功?""目前有什么不足之处?""我能做到什么程度?"等等。这样才是更具建设性的思考方式,也才对双方都更有好处。

| 第二章 |
培养"不否定思维"

05 沟通不是讲求"感情",
而是找到"未来的着陆点"

思考"否定正当化"的前提

当我谈到"那个人正在以他的方式拼尽全力"时,也有人曾对此表示反感。他们大概是这样说的:

"不,并不是说拼尽全力就够了。如果工作进展得不顺利,那就是个大问题,不能不严厉对待!"

是的,若如上所述,按照这种想法,斥责对方:"这完全不行啊,你都是怎么完成工作的?"这当然也是一种选择。

这里便是对话的一大分岔路口,请一定要思考一下。

"我知道你已经拼尽全力了,但你觉得工作做成这样就够了吗?"这种否定对方的对话,以及"我的话从逻辑上来

啊,你说得对

说绝对是正确的"这种所谓逻辑 PUA[①] 的对话,它们的着陆点在哪里呢?

也许,被否定的人会因此畏缩不前,工作效率进一步降低。

这与自己正确与否完全没有关系。"不容分说地否定"不但解决不了问题,反而很有可能让事态一步步恶化。

这难道就是我们应该追求的未来吗?

原本我们应该追求的未来,是与对方建立良好的关系,推动工作朝着更好的方向发展。至少不应该是打击下属。即使把自己的情绪发泄到对方身上,也不会让事态有任何好转。

一味严厉终会让人际关系破裂

因为工作关系,我见过很多领导者。

在这个过程中,我也曾遇到过一位固执己见、对待下

---

① 指从精神上控制他人。——编者

| 第二章 |
培养"不否定思维"

属非常严厉、对周围的意见置若罔闻的"独裁式"领导者。

如果一个组织的领导者是那种能强行带动身边人的人,那么说实话,即使乍看之下觉得很有气势,但也仅仅只是一开始而已。

以这种方式进行沟通的组织,从长期来看,破绽会越来越大,直至最后不幸破产。

我遇到过很多沦落到这种下场的组织。

否定没能圆满完成任务的对方很简单。

即使是专业培训师也会忍不住说:"按照目前的方式你不会有太大的进步,要不然还是换一种方式吧?""这里是不是做得还不够?"像这样,虽然说话非常客气,但实际上也是在否定对方。

有时候,人们会避免这种直接否定的做法,在原来的基础上加一句"××,我知道你现在也在拼尽全力地做着",以表示对对方的理解。只有这样,才能确保安全地对话。

我们是选择否定对方,还是选择默念"那个人也正在以他的方式拼尽全力",冷静地继续对话?

毫不夸张地说,你的选择就是**"你想要怎样的未来"的分岔路口所在。**

06 否定是"上级看待下级视角"的产物

如果出现"应该论",
试着把焦点放在自己的行动上

"把工作布置给下属,结果他完全做不好。"
"拜托丈夫去买东西,结果他买回来的东西完全不对。"
"让孩子叠衣服,结果弄得乱七八糟。"
"向店员询问商品的情况,结果他完全说不出来。"

这种时候,提出请求的一方会这样想:

"为什么连这么简单的事都做不好?"

明明是很轻易就能完成的工作……
明明已经明确地告诉过他"去买专门清洁浴缸用的洗

第二章
培养"不否定思维"

涤剂"……

明明是经常看着我叠衣服的……

明明是拿着工资在工作的店员……

即便如此，为什么事情还是做不好呢？

一旦这样想，那么否定对方的话便脱口而出了。

这种想法的前提是**"如果是我的话，就可以做得很好"这种居高临下的态度。**

换句话说，"居高临下"会产生"能做到××是理所当然的""应该××""怎么会有人做不好呢"等所谓"应该论"。

以店员为例，"如果当店员的人是我，我就能做得很好……"。也就是说，**当你觉得对方的知识和经验都不如自己时，你就会想否定对方。正因为有这样的想法，才会在无意中觉得自己高人一等，于是进行上下级式的沟通。**

仔细想一想，自己只是对"那件事"多少有些习惯了而已，并不代表自己比对方更伟大、更优秀。即使是上司和下属的关系，也只是碰巧在这个公司里是这样的关系，并不是说上司比下属的人格地位高。

例如，这个时代已经出现了逆转现象，年轻员工可能比年纪稍大的员工更了解 IT 软件的使用方法。在这种情况下，年纪稍大的员工会站在向后辈"请教"的立场上，上下级关系很容易就发生逆转。

"自己比对方知道得更多"，建立在这种观念上的上下级关系，实质上也不过如此。

因此，在某件工作上即使对方因为经验相对不足而进展不顺，也不要立即否定对方。

这种时候，我们可以尝试按照以下方式推进工作。

- **认同对方已经做到的事，"他正在以自己的方式拼尽全力"。**
- **然后改变"请求（委托）的方法"，让事情进展得更顺利。**

首先，请你在心中默念"他正在以自己的方式拼尽全力"这句具有魔力的话，然后冷静下来。接着，把注意力集中到自己的行动上。

"每次确认完工作的进展后再推进下一步工作。"

"把想要对方为自己买的洗涤剂的商品名记录下来交给

对方。"

"教会孩子叠衣服的具体方法后再请他帮忙叠衣服。"

"试着拜托,'帮忙找一位对这个商品比较了解的店员'。"

如此一来,人与人之间的沟通便不再需要"否定"和"责备"。

不要站在上级的立场上情绪化地否定对方,而是要冷静地思考"做不到是有原因的",这样便能产生建设性的想法,进而改变未来。

07 从搞笑艺人组合中学习"不否定思维"

使用"否定"转换的技巧

在日本，有一个名为"pekopa"的搞笑艺人组合。

由"秀平"和"松阴寺太勇"两位漫才①演员组成。他们在2019年的M-1②大奖赛中崭露头角。在表演时，基本都是松阴寺先生负责吐槽，并且他的吐槽方式很独特，是一种**"绝对不否定的吐槽"**。

在普通漫才中，如果一方装傻，另一方就会吐槽"又怎么了？""这怎么可能？"，这是在通过否定装傻一方不合常

---

① 漫才，日本的一种站台喜剧形式，类似中国的对口相声。漫才通常由两人组合演出，一人负责担任较严肃的找碴角色（ツッコミ）吐槽，另一人则负责担任较滑稽的装傻角色（ボケ）耍笨，两人以极快的速度互相讲述笑话。大部分的笑话主题围绕两人间的误会、双关语和谐音字展开。——译者
② 日本漫才比赛。——编者

第二章
培养"不否定思维"

理的言行来制造笑料。

但是松阴寺先生的吐槽,从不会否定对方。在我看来,他改变了"装傻/吐槽"这一持续多年的日本漫才表演法则,在某种意义上可以说是一种具有革命性的搞笑方式。

看似在吐槽对方,中途却把这种吐槽转向自己,然后擅自结束话题。一部分人将其形容为"插不上嘴的装傻方"。

"'你开车到底在看哪里啊?'(出车祸后)你还能说出这句话,说明你没事,太好了!"

"你不知道的话,那我就告诉你呗。"

"是你不好,但你不好都是这个世道造成的,所以你也就没有那么不好了。"

"在说'我可没忘'之前,先努力回想起来吧。"

"你给我站起来!要是你站不起来的话,那我坐下也行!"

听起来是不是很痛快?

这些"不否定的吐槽"十分符合日本人的心理,这对艺人很快就成了红人。

说得难听一点,他们或许是"反向利用现代日本所具有的否定他人的文化,将其成功地转化成了笑料"。

保留可能性的"或许……"的思考方式

"pekopa"组合的表达便是一种"不否定"思维的表现,对我们来说,有很大的参考价值。

事实上,如果上司用这种措辞和下属说话,或许下属会不禁想:"这个上司是不是吃错药了?"但事实上,上司内心的想法并不会被下属注意到。例如:

"你到底有没有在认真听我的指示?"其实是想表达"或许是我下的指示不够清晰明了?"

怀疑"那个家伙的观点错了"时,其实是在想"或许是自己错了?"。

像这样,试着养成上述的思考习惯如何?

读到这里,你也许会想:"搞笑艺人的话,说到底只是段子而已,模仿什么的可太不现实了。"

但是,这种思维的本质不是找出绝对正确的答案,而是创造"或许……"这种保留其他可能性的思考方式。

| 第二章 |
培养"不否定思维"

"或许……"的想法就是不否定对方的思维入口。

因为否定对方也就是认为"自己是正确的","或许"一词便可以用来质疑这一点。

"我的想法是正确的吗?"试着进行这样的质疑,是"不否定对方"的第一步。

"我们现在的想法是正确的吗?"如果以上司为首的公司高层能时刻保持这样的想法,会怎么样呢?

那么,当新人表示"我们想出了前所未有的、具有划时代意义的方案"时,领导便不会从一开始就否定了吧。

如果用"pekopa"风格的语言来说,就是**"当我们觉得你们的方案荒诞无稽时,或许是我们的常识已经过时"**。

08 是否被狭隘世界的常识所束缚？

"拓展视野"就不容易产生否定思维

"过于坚持自己的想法，视野是不是就会变得狭隘？"
"或许，自己正在被过于狭隘的世界的常识所束缚？"
为了养成不否定对方的思维方式，思考这些问题是很有效的。

例如，一位应届毕业生从步入社会开始，便一直在同一家公司工作，就会在不知不觉中无意识地接受并依赖于"那家公司内部的常识"，并将它作为一切事物的判断标准。

因此，这样的人在参加不同行业的交流会、和公司外部人员交谈时，则可能会获得一些令他瞠目结舌的体验。

拓宽视野的练习很简单。

例如，在电视上看新闻和其他信息类节目时，要试着从其他视角看待电视上播放的新闻和话题，并养成习惯。

这是一种很好的练习。

假设看到关于物价普遍上涨的报道,不要一味愤怒地宣泄"一点都没有考虑消费者的感受",而是先把自己的情绪放在一边,试着思考"为什么会发生这样的事情"。

除此之外,还可以有意识地从其他角度思考问题。

"被称为'笨蛋艺人'(请允许我带着爱意这样称呼)的艺人们,为了演好自己的角色,是不是在幕后做了很多努力呢?",等等。

主题和观点是什么都可以,重要的是培养将思考和情绪分离开来,从不同视角看待事物的能力。

这样一来,我们就能发现,那些在节目中被称为"笨蛋艺人"的人"其实是站在观众的立场上,故意说一些不恰当的话,来让观众开心"这一新的视角。

习惯性使用冷静的"疑问句"来看待事物

获得新视角有什么好处?

它最大的好处之一就是可以让人摆脱"我是对的""我

没有错"等顽固的自我信念。

有时候,即使是到昨天为止你都认为"没有错"的事情,随着时代、经验、所属公司等环境的变化,或许今天你就会产生"话虽这么说,但或许还可以有不同看法"的新想法。

通过这样的经验,我们就能养成"不轻易否定对方"的习惯。**也就是说,我们之所以否定对方,最重要的原因或许就在于我们深信"对方错了,自己才是对的"。**

如果是这样的话,我们就有必要摆脱这种"成见"。

例如,当对方向你抱怨时,不要用"你不要这么说"进行直接否定,而是要思考"为什么这个人会这么说呢?",**尝试冷静地使用疑问句,在内心向自己发问。**

这样一来,小小的好奇心就会不断涌现,请你一定不要错过这些小小的好奇心。通过培养这种好奇心,我们就能发现对方言行中的"意外理由",以及其他"背后情由",发出"原来如此"的感叹。

在这里,我将这种好奇心称为"黑暗的好奇心",并在此向大家推荐。

第二章
培养"不否定思维"

09 改变"否定思维"的方法

视野因"否定思维"变得狭隘，就会对重要的事物视而不见

如果对任何事物都持否定态度，视野就会变得狭隘，这也是诸多烦恼产生的根源。

尤其是处于疲劳状态或身处紧张环境中的人，他们在人际关系中的承压能力可能会相对较弱，因此需要格外注意，不要让他们的内心受到打击。

下面是我的一位女性客户理惠（化名）女士的事例。

有一次，这位客户来找我咨询：

"我觉得身边的人都讨厌我，所以我想辞职。"

我跟理惠女士有过多次对话，但从至今为止的对话内容中，我完全没有看出她有被周围的人讨厌的情况。我怀着这样的想法，继续进行关于这个话题的对谈。

她的话概括起来就是，即使她发表了意见，也得不到

周围的人的认同。在不断遇到类似情况之后,她就认定"周围的人都讨厌自己"。

我和理惠女士的对话是这样开展的。

"我可以说说我的意见吗?"

"当然。"

"在我看来,理惠女士并没有被大家讨厌呢……"

"不是的,大家真的很讨厌我!"

"我就很喜欢理惠女士啊!(笑脸)从严格意义上来说,并不是大家'都'讨厌哟!"

"或许是这样吧,但至少在职场上,大家都很讨厌我。"

"是吗?那我顺便问一句,你所说的职场共有多少名同事,其中又有几名讨厌你呢?"

"嗯,我不知道有多少人,但我觉得应该是所有人。"

"是吗?确实,你有可能会这样想。但我想先掌握真实的信息,所以你能告诉我具体有几个人讨厌你吗?"

"这个……我不清楚……"

"也就是说,你说的大家是你自己的臆测喽?"

"嗯……那……也许是这样。"

"我可以告诉你我的想法吗?"

"当然可以。"

"从我客观的角度来看,我觉得理惠女士你并没有被所有人讨厌。除了跟你,我还跟你们公司的很多人来往过,但我从来没有从他们口中听到过讨厌你之类的话。如果是这样的话,我觉得现在还不是辞职的好时机。"

理惠女士对我的话表示赞同,现在仍在为了实现自己的目标在公司努力工作。

思考"自己的认知是事实吗?"

像上面这个例子一样,当感到"自己被否定"时,可以先思考一下"这种感受是不是事实"。

在发生某些事时,人们会随意地将其中的含义联系起来,通过推断、臆测等方式赋予其意义,比如,"我遭受了这种待遇,那我是不是被讨厌了?"

这就是所谓"自以为是"。

重要的是要把事实当作"事实"来理解,即实事求是。

例如,即使遇到"跟对方说话,但对方反应很冷淡"

"对方经常把麻烦的工作扔给我"等情况,也不能把这些与"讨厌我"联系在一起。

"把麻烦的工作甩过来 = 把工作甩过来,我觉得这很麻烦。"

这就是实事求是,既不增也不减,不做额外的解读。

如果总把麻烦工作扔给你的行为令你讨厌,你就跟对方认真谈一次。凡事如果不喜欢,我们就只能拒绝、解释、与其商量。

"遭到冷淡的反应 = 反应冷淡。"

这种情况同样如此。或许有人会认为对方这样做就是因为讨厌自己,但首先请"实事求是"。

如果从否定的角度去解释对方的反应,那么自己的视野就会变得越来越狭隘,也会更加固执己见,无法做到实事求是。

如此一来,烦恼也会在心中越积越多,所以请一定要注意。

第二章
培养"不否定思维"

10 "被否定时"的应对方法

不去全盘接受消极的话语

正如前文中提到的那位女士的案例一样,这一部分与"养成不否定的习惯"这一主题相反,我们要谈一谈"被否定时消除烦恼的方法"。

当对方否定自己时,我们应该用怎样的心态去面对呢?

我认为,我们可以把自己的内心直接想象成**"竹笙"**。

这里的"竹笙"指的是那种做菜时用来把水沥干的"竹笙"。

当对方否定自己时,如果我们的内心像碗一样把所有否定都盛起来,说实话,那也太令人感到沉重了。

因此,我们要把自己的内心想象成一个满是漏洞(空隙)的"竹笙",**把对方否定中不必要的部分"哗啦哗啦"一股脑地漏出去。**

然后，只留下似乎对自己有帮助的、有必要的部分，就是这样的想象。

"像'竹篓'一样接收信息"的秘诀就在于，在心中区分"必要"和"不必要"的信息。

把否定的谩骂和斥责等自己心中认为"不必要"的信息当作耳旁风，只把自己认为重要的发现和习得的知识等作为"必要"的信息留在"竹篓"里。告诉自己**"从下次开始试着这样做吧"，并将其运用到今后的实际行动中。**

另外，也可以考虑尽量与一味否定自己的人保持距离。我们没有必要和所有人都保持良好的关系。无论如何都会有难以相处或合不来的人，我们没有必要勉强自己跟他们交往。

如果是家人、同事等无法与其保持距离的人，那就请"尽量保持最低限度的接触"或是"为了建立不被否定的关系而刻意接近"。总之，试着在维系关系方面下功夫。

与此同时，我们还需要提前认识到一点。

那就是，对方心中是没有"竹篓"的。

作为领导者，尤其是站在倾听者立场上的人，要清楚地认识到，大多数团队成员并没有这样的"心灵竹篓"。

第二章
培养"不否定思维"

"这不是理所当然的吗?因为这是工作啊!"

这种以前通用的激励话术,现在已经不适用了。我们要提前认识到,**否定的激励话术"可能会成为压倒骆驼的最后一根稻草"。**

啊, 你说得对

Chapter Three

第三章

学习不否定的技巧

01 yes 情感沟通法

"yes，but 沟通法"没有效果的原因

在"不否定"的技巧中，"yes，but 沟通法"很有名。

但实际上它几乎是无法有效使用的。

原本，"yes，but 沟通法"是对于对方的话语或意见，先用"是啊（yes）"进行肯定，然后再用"不过（but）""话说回来""话虽如此""但是啊"等否定的语言进行连接的沟通方式。

众所周知，它是一种在想要反驳对方时用来"缓和否定的话术"，但它并没有改变否定的本质。或许有人会觉得这比一开始就说"这是不对的""不是这样的"要好，但在很多情况下这一话术并没有什么实际效果。

背后的原因是，**越想使用"yes，but 沟通法"的人，就越会只用一句"确实如此"这样的简单话语来表达"yes"的含义。**

第三章
学习不否定的技巧

简而言之，**就是对方并没有得到"被肯定"的感觉。** 实际上，它就像日语中的"枕词"一样，仅仅是放在前面用来修饰的词汇，没有实际的含义，这种情况十分常见。

仿佛已经开启了否定对话，正在向对方宣战。

那么，我们怎么做才有效呢？

最近比较流行的方法是在肯定之后不施加否定的"yes，and 沟通法"，但我在本书中想推荐给大家的是**让对方心情更加舒畅的"yes 情感沟通法（yes，emotion）"。** 这是我独立创造的，在肯定的语言的基础上进一步传达正向且积极的情感的沟通方法。例如：

"你工作很努力啊，我觉得你太可靠了。"

"你这次的考试成绩非常好，我真的太高兴了。"

"你剪头发了啊，我觉得跟你很配。"

像这样，**肯定对方且进一步表达自己当时积极且正向的感情。** 这就是"yes 情感沟通法"。通过这种方式，既能满足对方被肯定的需求，也能促使双方关系向好的方向发展。在这之后，便可以说出自己想说的话。这时，既可以表达与对方相同的意见，也可以表达与对方不同的意见。

实在没有感情的时候，只用"事实"来结束

对于上述沟通技巧，有时也需要注意使用方法。

例如，在对方剪了头发，但又实在不适合恭维时怎么办呢？

在这里，如果蹩脚地使用"yes情感沟通法"，可能会因为没有感情地硬夸而被对方当成一种反讽。

这时，就只用"事实"来结束话题吧！

影视演员塔摩利很擅长使用这种沟通方式。在以前参加的午间节目中，只要有嘉宾来，他的第一句话便是："剪头发了？"而且经常这么说。

只是把事实原封不动地阐述出来，不带有任何关于此事的否定态度或情感。

如果只是陈述事实，那么对方就会主动吐露自己的心声："是的，我特别喜欢这款发型""被剪得太多了，我也很无奈"等。

这种沟通技巧也能运用在工作中。

例如，如果你只对下属说"给A公司的汇报讲演结束了吧"，那么下属自然就会回答"该做的我都做了，接下来就

第三章
学习不否定的技巧

听天由命了"或者"差一点就成了,下周面向 B 公司的汇报我会好好努力的"等。他们会主动补充需要说的内容,传达更深层次的信息。

在这一过程中,下属自己也会以此为契机意识到结果的好坏,以及需要改进的地方。所以,还请务必试试这一方法。

02 学会"主动沉默"

"脊髓反射"会产生否定

不否定他人的一个重要技巧就是"在回答之前踩下刹车"。在对话中,所谓"踩刹车",就是"保持沉默"。

"不否定",换句话说,就是要"接受对方的语言、想法或行动"。沟通中产生的很多问题,都是从不接受对方、用脊髓反射性的语言回答对方开始的。

在社交媒体上引发的纠纷就是其中的典型代表。有人会在他人的社交媒体上留下带有恶意的言论。这样的人从不会考虑对方是怎么想的,他们只是反射性地、没头没脑地写下恶评。于是,纠纷就产生了。

为了摆脱"脊髓反射式"的交流,要先养成"主动沉默"的习惯。这点非常重要。

不要条件反射般地回答,而是要先踩下刹车,倾听对方的话,理解对方想要传达的意思,以及对方的状态与感情。这样一来，否定对方的情况就会在不知不觉中大大减少。

在迪士尼电影《小鹿斑比》中有这样一个情节，兔子桑普从父亲那里得到了"某种教诲"。

"如果不能说好话，那就什么都不要说。"

即所谓"沉默是金"。"沉默是金"的含义是"沉默比多说更有价值"，事实的确如此。

将"欲望"和"行动"分开思考

"主动沉默"看似简单，实际上很难做到。即使是专业的培训师，也无法做到默默倾听学员的意见，甚至有的培训师还会不由自主地喋喋不休。

在学习如何指导他人时，有一个问题，我的老师曾苦口婆心地教导过我很多次。

那就是：**"为什么此时此刻是你在说话？你要经常问自己这个问题。"**

"现在真的是说话的好时机吗？"

"难道不是被自己想要说话的冲动打败，才脱口而出的吗？"

我们要时刻把这一点铭记于心。

换句话说，就是把**"想要说话"的欲望和"实际说话"的行动准确地区分开来，冷静地做出判断。**

我经常把这种"想说话"的欲望和"偷东西"的欲望进行类比。

你或许会因为"想说话的欲望，而不知不觉地让话脱口而出"，但绝不会因为"想要那个东西的欲望，而不知不觉地去偷它"。

这是因为"偷东西"是犯罪，**"欲望"和"行动"被准确地区分开来，"偷东西是不被允许的事情"的观念被深深印刻在了人们心中。**

因此，我希望大家要运用与思考"偷东西"一样的思维方式，把欲望和行动区分开来，把"不小心开口否定对方"也当作"不可以做的事情"。

"想要否定"不等于"否定"，让我们带着"大人的分寸感"，一起"主动沉默"吧！

| 第三章 |
学习不否定的技巧

下面是一个日式点心制造商经理的案例。

那位经理在和下属面对面交流时,总是说"如果不是我拉你们一把,你们的工作根本就进行不下去"。他一味自说自话,一味指挥别人,下属都觉得他是一个难以接近的人。

于是,我提出了"主动沉默"的建议。这位经理试着实践了一下,结果发现下属的态度发生了极大的转变,开始愿意跟他说话了,工作也变得异常轻松起来。他说:"有些下属从来没有跟我说过话,但其实他们有着出人意料的有趣的观点,真是令人惊讶。"

当我问他:"如果想让下属多说一些话,你认为有什么办法可以实现吗?"他回答道:"嗯……对了!我可以问一下他们最喜欢我们公司的哪种点心。"于是,我就让他在与员工的实际面谈中去问一下这个问题。

他照做后,下属都非常高兴地表示"从来没有人问过我这样的问题"。大家都滔滔不绝地向他表达了自己的意见。

这就是说,对于愿意倾听自己说话的人,自己也愿意向他倾诉;对于容易沟通的人,自己也更能说出自己的想法。

对方发言结束后的计数

首先,如果想要做到沉默地倾听对方说话,那么需要遵守的大的原则就是**"在对方发言结束之前都不要说话"**。

或许,中间你会有好几次想打断对方说话。

但这就是应当忍耐的时候。如果打断对方说话,那么一切都前功尽弃了。

当你打断他时,你就应该明白,**这已经是非常典型的"否定"了。**

接着是下一步。

如果你觉得对方已经把他想说的话说完了,从此时开始,**请保持至少 2 秒的沉默。**

你也可以在脑海中默数"1……2……"。

为什么要这么做呢?因为如果一直压抑说话的冲动,就会迫不及待地想等对方说完,一旦对方说完,我们就会贪心地把自己憋了很久的话都说出来。并且,在这种情况下说出来的话,很容易变成某种否定。

我们可以在脑海中想象一下这种对话的场面。

| 第三章 |
学习不否定的技巧

正是因为"刚听完",所以你需要大概 2 秒的冷却时间。

在这个过程中,最重要的是在脑海中计数,你要把你的注意力放到计数这件事上。

在计数时,你要冷静地判断自己接下来要说的话是不是对对方的否定。

当然,觉得"只有 2 秒?不行,2 秒可不够"的人,也可以数到 5 秒。

即使只是一瞬,抽出时间进行有意识的思考也是很重要的。不要随心所欲地、反射性地对对方说的话做出否定的反应。

请把对方说完话后的几秒,当作自己否定对方的避险时间。

这和所谓"愤怒管理"是一样的。

听完对方的话,当愤怒如潮水般涌上心头时,如果任由怒火发泄,不管不顾地与对方发生语言冲突,很可能会导致两人之间的关系无法挽回。如果是恋人,就会因此吵架分手。这难道不是情侣间很常见的分手模式吗?

正因如此,**在这几秒的沉默中,抑制自己的情绪是很重要的。**

啊,你说得对

像这样,主动地默默倾听,在对方说完之后也能保持沉默的话,对方可能就会主动说"你今天好像一直都在默默地听我说,你也说点什么吧"等类似的话。

如果能让对方这样说,那么你就成功了。也就是说,你正式得到了对方"现在你可以表达意见了"的许可。或许对方对这种反应会稍有不适。但**比起"否定对方,让人讨厌","沉默着保持平和的关系"才是更为明智的选择。**

| 第三章 |
学习不否定的技巧

03 复述对方话语的技巧

不必说一些"有用的话"

"我必须说点有用的话……"

"我必须给对方一些有益的建议……"

因为有这种想法,才会有"话虽如此……"这种**以"建议"为名的"否定之词"**脱口而出。

这是一个非常容易让人落入的陷阱。即使原本并不想否定,但当别人找你商量什么时,你总会觉得"我必须说点有用的话",这样一来,你无论如何都会说一些"不是这样的""与其这样,不如……"等反驳对方的否定性的话语。

好不容易**坚持下来的沉默、不去否定,都在这一刻化为泡影。**

那么,我们应该怎么做呢?

那就是**"原封不动地叙述对方的话"。**简而言之,就是"复述"。

081

"你在考虑……吧""原来是……啊"等，重复对方刚刚说过的话就可以了。

如此一来，对方便会觉得"你认真倾听了我说的话"。同时，还有整理对话的效果。

只要有这样的"复述"，就足以使对话成立。对方就会顺势说"是啊，而且……"，继续进行更详细的解释。

这种"复述"，只需要重复对方的话，不需要你有任何多余的感想，既不需要赞同也不需要否定，只需要淡淡地重复。

它给人的印象，有些类似于为视力障碍者准备的电视剧副音轨解说。

例如"主人公走到门口，打开门出去了。他的恋人正在看着这一切"之类的旁白，只是叙述正在发生的事情。

当然，虽说是原封不动地进行重复，但把长篇大论的内容全部复述出来也会很奇怪。因此，我认为可以下点功夫，把对方说的话做一个简要概括："**谢谢你讲得这么具体。也就是说，你刚才说的是××吧？**"

在这种情况下，请一定要注意尽量避免加入自己的解释，不要掺杂自己的主观想法。

| 第三章 |
学习不否定的技巧

只要抓住对方想传达的内容本质，并进行概括，对方就会觉得"啊，你有在认真倾听我的话""我已经很好地传达我的意思了"，从而感到安心。

通过"复述"控制对话的速度

复述对方的话，除了"不会否定对方"，还有一个好处。

那就是**"可以控制对话的速度"**。

如果我们有意识地慢慢复述，就可以放慢对话的速度。实际上，这是进行"不否定对话"的重要条件之一。

我们平时在电视或"油管（YouTube）"上看到的视频中的对话，比日常对话的速度要快得多。因为如果不这样做的话，节奏太慢，观众就没有耐心收看。所以，他们会有意识地加快对话速度，并进行一些剪辑。

如果习惯了这样的对话速度，那么就连我们平时的对话速度也会不小心变得很快。

在这里，我想告诉大家的是，**对话的速度越慢，"越能仔细分析内容，越容易展开不否定对方的对话"。**

即使对方因为兴奋而语速过快,我们也可以故意放慢语速复述,通过这样的方式成功放慢对话的速度。

这是一个有些高级的技巧,我对专业培训师也经常这样说:"要通过复述来控制对话的速度。"

那么,请你们也一定要试着亲身体验一下这种效果。

| 第三章 |
学习不否定的技巧

04 "肯定"的技巧

在理解对方想法的基础上进行复述

"不能全盘否定对方的话吗?"

"如果全盘接受对方的提案,公司会垮掉的。"

很多人都会这么说。那我就从现实角度来回答这个问题。如前文所述,**所谓"不否定",是指从一开始就不否定对方的语言、意见或行动。**

但这并不是要求你"必须对任何事物都说 yes"。这一点请放心。虽然这样说有些失礼,但原本在商业决策中,对提案进行全盘肯定的行为就是毫无争议的愚蠢之举。

"当不得不否定时就否定,当发现错误时就指出错误",这一点很重要,也很正确。

但是,这里的重点在于**"如何传达这个意思"。**

那么,现实中我们应该怎么做呢?

答案就是**从"肯定"对方所说的话本身开始。肯定,就**

085

是指站在"接受"的立场上。

我们具体应该做的事,便是前文讲到的——"复述"。

"你是在考虑……这件事,对吧?"

"你刚说了关于……的事,对吧?"

"啊,原来有……这样的事啊。"

这样做就可以了,在这里"下功夫"是很重要的。

不是赞成,而是暂时接受事实,包括对方"我讨厌××"在内的想法或其他带有感情色彩的语言,要全盘接受。

这种做法在专业培训中被称为"肯定"。

虽然肯定但并不赞同

这里重要的思考方式是,**没有必要对对方所说的内容表示赞同。**

肯定的只是"对方说了这样的话"这一事实。

在选择表达"肯定"的词语时,有一句表达需要格外注意。

| 第三章 |
学习不否定的技巧

　　那就是**"谢谢"**这句话，根据说话人与对方的关系，也可能让对方产生"感谢只是你自己一厢情愿"的想法。因为包含这种情感上的风险，所以更要在使用方法上下功夫。

　　那么，应该用什么样的语言来表示肯定呢？

　　最简单的一句话就是：**"原来是这样啊。"**即使对方说的话明显是错误的，**也要跟对方说"原来是这样啊""原来还有这样的想法啊"**。

　　为此，在这里最重要的是要先理解对方的感受和想法。

　　只要做到这一点，即使不同意对方说的话，也能表示肯定。

05 熟练使用"肯定"的方法

"肯定"分为四种

虽然前文的技巧用一句话概括就是"肯定对方",但这里的"肯定"大致可以分为四种,具体内容如下。

第一种肯定:对存在进行肯定;
第二种肯定:对行动进行肯定;
第三种肯定:对过程进行肯定;
第四种肯定:对想法进行肯定。

那么,让我们来逐一仔细分析吧。

第一种肯定:对存在进行肯定。

即肯定对方的存在,肯定"对方现在就在这里"。 如果用语言表达的话,其关键就在于,在跟下属面对面进行交流时,使用"感谢你今天抽出了时间""我们好久没有这样面对面地交谈了"等语句客观地传达肯定对方存在的事实

第三章
学习不否定的技巧

信息。

这里的重点是,不要因为对方前来谈话是理所当然的就毫不客气地与之交流。

此外,这里还有一个需要注意的点,那就是要停下手中的工作。

比方说,你在工作中被下属搭话,那么你应该先停下手中的工作,然后试着把身体转向下属,看着对方的眼睛,微笑地应答:"怎么了?"

在这里,虽然"怎么了"是疑问句,但通过你的肢体动作,可以表达"意识到了下属的存在"这层意思,也就是"肯定了对方的存在"。

与此相对,我们尽量不要做出以下行为。

继续手中的工作,眼睛盯着电脑屏幕,一副"现在别跟我说话"的表情,然后做出同样的应答:"怎么了?"

千万不能这么做。因为即使措辞相同,如果表情、动作等非语言信息不同,也会给对方留下完全不同的印象。

也就是说,不仅仅是"传达什么","如何传达"也很重要。

这一点在忙碌的职场和家庭环境中很容易被忽视,所以请一定要记住。

第二种肯定：对行动进行肯定。

第二种"**对行动进行肯定**"，**是指将对方采取的行动与取得的成果告诉对方，并表示肯定。**

例如，你交给下属的某个项目取得了预期的成果，如果他告诉你"项目进展得很顺利"，你就可以回答"干得不错"，对这个成果表示肯定。

又或者，当你回到家，发现孩子已经为你做好饭菜时，你可以说"今天做了一桌菜啊"，对他的行动表示肯定。不要以这道菜是否好吃、菜品是否符合自己的口味为标准做出评价，而要重点关注"他为你做菜的这一行动"。

第三种肯定：对过程进行肯定。

前面提到的"对行动进行肯定"，是对对方的行动本身或取得的成果进行肯定。但**如果不是在所谓关键节点（即有成果出现的节点），而你又想在不经意间对对方进行肯定时，"对过程进行肯定"是行之有效的。**

例如，在与下属的面谈中，下属说道：

第三章
学习不否定的技巧

"我们公司最近总在提倡环保经营,但我无论如何也无法表示赞同。对我来说,这只是画饼充饥罢了。"

站在上司的立场上,你可能想对他说"别这么说,还是遵从公司的方针吧",但正是这种时候才更需要"肯定"。

例如,使用下面这样简单的句子怎么样?

"原来你在为公司考虑这种事啊。"

以此为契机,下属会告诉你更多的信息。也就是说,你可以避免使用带有否定性质的语言。

这是一个非常简单的句子,请一定要把它提前储存在你的"语言库"里。同时,当你的孩子对你说"你回家太晚了,我一个人很孤单"时,你也可以尝试"对过程进行肯定"。不要说"可是,爸爸(妈妈)也在努力工作啊,没有办法,你就乖乖忍耐一下吧",而是试着说**"你一定感到很孤单吧"**。

在这里,我想告诉大家的是,孩子或许并不是想要得到爸爸(妈妈)的解释,而只是单纯地想让爸爸妈妈听他说说话。换句话说,越过对方的话进行进一步思考并非良策。

与此相反,我建议我们可以试着直接理解对方的感受和想法，并对此进行肯定。

第四种肯定：对想法进行肯定。

最后，"对想法进行肯定"则是当你想要否定对方意见时，我希望你能够使用的一种肯定方式。

下面是我和一位最近刚开始学习做培训师的人之间的对话，他说："培训师永远领先学员一步。"

作为常年从事专业培训工作的人，我很想直接否定他说"不，培训师是落后学员半步的人"。但因为这是活用"对想法进行肯定"的好机会，所以我试着对他这样说道：

"原来你有这样的想法啊。"

于是，这位培训师絮絮叨叨地讲起了自己对培训的一些想法。

"对想法进行肯定"的语言可以有以下几种形式。

"原来还有这样的想法啊。"
"这个观点很新颖啊。"
"我好像可以理解你。"

此处，"对想法进行肯定"的行为传达了**"我确实理解了你的想法"**的信息，**但这与"赞成或反对你的想法"是两**

第三章
学习不否定的技巧

回事。如果用棒球进行比喻,就是牢牢接住了对方投来的球。至于这个球是好球还是坏球,那就是另一回事了。

如果能活用这些表示肯定对方的想法的语言,你就不会否定对方的话,这样,对话就能继续下去了。

啊，你说得对

四种肯定是指……?

1. 对存在进行肯定

"感谢你今天抽出了时间。"

对方　自己

肯定"对方现在就在这里"

2. 对行动进行肯定

"你今天也在努力开展销售活动呢。"

对方　自己

肯定"行动"和"结果"

3. 对过程进行肯定

"原来你现在是这样想的啊。原来你在考虑这种事啊。"

对方　自己

肯定"对方的感受"和"想法"

4. 对想法进行肯定

"……这样做你觉得怎么样?"
"还有这样的想法啊。这个观点很新颖啊。我好像可以理解。"

对方　自己

不否定对方的意见，承认"理解了对方的想法"（在表示不赞同时使用）

| 第三章 |
学习不否定的技巧

06 无法表示"同意"时"肯定"的表达方式

无法表示同意时,可以提出其他选项

例如,当你问一起吃饭的朋友"今天想吃什么"时,假设对方的回答是"我想吃鳗鱼",但恰巧那天你的胃不太舒服,想吃点清淡的食物。

这种情况下,你该如何继续对话呢?

如果不想否定对方,却又想让对方更换其他菜单的话,可以这样回答:

"鳗鱼啊,鳗鱼也不错。你还有什么别的想吃的吗?"

你得到了对方想吃鳗鱼的答复。但如果你对这个提议无法表示赞同的话,就需要告知对方其他选项,这是一般的流程。

不同的对象可能会有不同的回答。有的人可能会接着问"那××,你想吃什么呢?",对方问完这句话之后,你

相当于得到了对方"你现在可以发表意见了"的许可。接下来，你就可以说"我今天胃有点不舒服，我们吃点荞麦面怎么样？"来表达自己的想法。

"不否定"并不等于"言听计从"。

在不否定对方意见的基础上，我们可以询问对方是否还有其他选项，或者自己主动提议"这个选项怎么样"。同时，保留对方最初的想法，告诉对方："你喜欢吃鳗鱼，我记下了。我们下次再抽空一起去吧！"

我常常把这里的"保留"用**"放入冰箱"**来表示。

在这种情况下，可以使用"这样啊。其实我也有相同的想法。我们不妨先把这种想法放入冰箱，思考一下还有什么别的选项吧"这样的办法。

我们试着将其代入办公室里上司和下属之间的对话来进行思考。

比如，在面谈时，当你问下属"××，下一阶段你想怎么做？"时，下属回答："下一阶段，我想做些其他工作，所以希望能有岗位上的调动。"

面对这突如其来的请求，你要克制自己马上就要脱口而出一句"糟糕，麻烦了"的冲动，转而对下属说："工作

| 第三章 |
学习不否定的技巧

调动啊，原来你有这样的想法，我会记下的。"这种回答就是放入冰箱的一个例子。

在这种场景中，还可以使用如下方法。

用**"原来你是这么想的啊，然后呢？"**来推迟回答，并鼓励下属进一步发言。

这样一来，对方也会开始审视自己的想法，"话虽如此，但现在手上的这个项目正好做到一半，我现在调动的话，项目恐怕就要半途而废了……""现在调动可能不太好吧……"等，他们有时也会自己驳倒自己。

有的上司听完或许会一边斥责一边开始劝说："你说要调动，那现在正在做的项目怎么办？！"但这种劝说**往往会起到反效果。**

当对方抛出**"自己的想法"**这个**"球"**时，"这个'球'是不是不对啊？"——如果此时的你**做出了这样的判断而没有接住"球"，**那么就是对对方的否定。

我们不应该这样，而是应该对"对方投出了这样的'球'"的事实进行肯定，先接住"球"。此时，不一定要对对方的想法表示同意。

紧接着，你可以通过询问**"你还有别的'球'吗？"**来确认对方手里是否有其他"球",引导对方主动说"我还有这样的'球'",**鼓励对方主动抛出另一个"球"。**

这就是不否定对方,而让对方意识到其他选项的方法。

将对方的话"放入冰箱"后,一定记得取出来

"是吗,你想调职啊?这也不是不可能的,我先记下来。"**对于这种"暂时的保留",我们绝对不能忘记。**

可能因为现在对方手头正好有项目,所以暂时搁置了对方的调动申请。但在这个项目结束后,你与对方下次面谈时,一定要记得这样问:

"上次你说想调动,现在是怎么想的?"

通过这样的询问,把你"记下的东西表达出来",这是非常重要的。

以刚才提到的鳗鱼店为例,如果你跟对方说:"上次你说想吃鳗鱼,要不今天去?"这时,对方就会觉得"啊,这个人还牢牢记得我之前说过的话呢"。

第三章
学习不否定的技巧

在演艺界，年轻的导演助理会对年轻的艺人说："等我当上制片人，我一定会让你上我的节目。"当他真的遵守了这个约定时，艺人就会十分感激地对他说："你居然真的记着那句话。"如此令人感动的故事，你们一定也听过很多吧。

这就是所谓**"超越时空的肯定"**。

让我们把对方的想法保留下来，完好地放入冰箱，但千万不要遗忘。

啊，你说得对

无法表示"同意"时"肯定"的表达方式

（例）
"我们去哪里吃点什么吧？"——
在这样的对话中遇到无法同意的提案时……

鳗鱼啊，鳗鱼也不错。你还有什么其他想吃的吗？

我今天想吃鳗鱼。

保留

鳗鱼

鳗鱼

无法表示"同意"时暂时保留（＝放入冰箱）

几天后

前几天你说想吃鳗鱼对吧。今天去吗？

鳗鱼

放入冰箱的东西一定要记得拿出来

| 第三章 |
学习不否定的技巧

07 添加"或许"的练习

培养区分"事实"和"认识"的习惯

有些人动不动就说"一定是这样的"。

而面对这种类型的人,我想问:

"你所想的,真的是正确的吗?"

出生在华沙的哲学家阿尔弗雷德·科日布斯基有这样一句名言:

"地图不等于疆域本身(The map is not the territory)。"

这句话的意思是:不管你看过多少地图,觉得对某个地方有多么了解,只要你去当地一看,就很有可能发现与你认为的完全不一样的情况。所以请不要以为看了地图,就觉得自己对当地的情况相当了解。

也就是说,**所见所闻只是一种"解释",与事实信息并不完全相同。**

101

无论一个人的人生经验多么丰富，充其量也不过是根据自己的所见所闻做出判断而已。因此，这个判断未必是绝对正确的。

尽管如此，有些人却如同一位全知全能的神一般，不管什么事都随意断言："这件事就是这样的！这是我说的，肯定不会错！"或许当说出这些话时，他们就已经错了。

在这里我想说的是，**"不要以为自己轻而易举地就什么都能明白"**。

第二章中也提到过，为了做到这一点，**无论什么时候，我们都要在句中加上"或许……"进行思考**。这也是训练不否定对方的方法之一。

我们来举个例子。

某天早上，有个同事对你说："我昨晚吃了蛋糕。"

你会怎么想？

假如你的想法是："是吗？那真是太好了。"

那么，我想请你在这里试着回顾一下，你的这位同事"和谁，在什么情况下，吃了什么样的蛋糕，吃了几个"等。你是不是都答不上来？也就是说，除了吃蛋糕，你没有得到任何其他信息。

| 第三章 |
学习不否定的技巧

此外，如果你有"是吗？那真是太好了"的想法，或许这只是你的臆测。

或许，接下来你听到的话会是这样的。

"昨天是孩子的生日，原本应该和家人一起在家里办生日派对。但我突然要加班，所以很晚才回家。到家的时候，家人都已经睡着了，我只能一个人孤零零地吃了蛋糕。"

也就是说，当听到"昨晚吃了蛋糕"这句话时，你应该思考的内容是"那真是太好了，但或许……"。

"吃蛋糕等于愉快的经历"，这只不过是我们的臆测。意识到这一点的关键就在于"或许……"的想法。

"因为是他，所以一定会失败的！但或许……"

"那个人是因为讨厌我，所以才把这种麻烦工作丢给我的！但或许……"

"因为是受人敬仰的××先生说的，所以一定不会有错！但或许……"

所有的事情都可以试着这样去思考。

只要没有确凿的事实，任何事情就"都可以有各种各样的解释"，这样的思考方式是很重要的。也就是说，不能随

意对事实进行是非黑白的认定。

例如,我们看到电视上在报道某家公司的经营者,报道称,经营者扬言"加班和休息日上班都是理所当然的"。但事实上,这或许是因为"如果不能按时交货会给客户带来麻烦的话,那么工作日加班和休息日上班都是理所当然的",这句话的前面部分被剪切掉了。

不要盲目地相信所见所闻,只要经常加上一句"或许……",就能避免因主观臆断而产生误解,避免坚信仅占冰山一角的信息,从而避免由此导致的失败。**加上"或许……",就能看到一个新的世界。**

08 通过调整"非语言"信息消除否定的方法

比语言更有说服力的是"态度"

人类是唯一会使用语言的动物。当然,人类也能从非语言行为中获取大量的信息。不仅如此,甚至还有研究表明:"非语言交流的影响比语言交流的影响更大"。

因此,假使没有使用任何否定性的语言,**只是在态度上否定了对方,那么一切也都会白费。所以,我们要懂得把包括语言、非语言在内的全部信息都传达给对方。**

"只要不说否定的话不就行了吗?"但事情并不像有些人说的那样简单。

我们还需要注意那些"表示否定的非语言行为",其主要表现形式如下。

> - 皱眉头。
> - 撇嘴。
> - 抱胳膊。
> - 跷二郎腿。

这些大多是身体某个部位交叉的动作。我认为表示否定的"×"符号便是遵循了人类本能的一种体现。

除此之外，还有"**抖腿**""**看手表或手机**"等行为，这与其说是在否定，不如说是在传达"我不想再听你说话了"的态度。

这些态度会赤裸裸地暴露你想要否定对方的心情。

在交流中，这些行为和"我们说了怎样的话"同样重要，甚至"我们展现出了什么样的态度和表情"更为重要。

什么是"不否定对方"的非语言交流技巧？

在"肯定性质的非语言行为"中，笑容尤其重要。

| **第三章**
学习不否定的技巧

请试着对着镜子检查一下自己平时是什么样的表情，你应该会对自己一脸不高兴的样子感到吃惊。

"朝对方微笑"说起来简单，但即使是专业培训师也很难做到这一点。

因为在工作中无法记录下自己的样子，所以可以让值得信赖的同事观察自己"和下属说话时的表情"，或者尝试用远程会议的视频来检查自己与人沟通时的表情。

请一定要注意到自己没有扬起的嘴角，要试着有意识地去微笑。 如果能在每天的行动中意识到这一点，就会带来巨大的变化。

话虽如此，如果有人实在难以做到"始终保持笑容"，那么就请试着有意识地"尽量开心地度过每一天"。

"那个人从今天早上开始就没开口说过话，好像心情不好。"

这种经历应该谁都有过吧。是的，**即使不说话，自己的心情也能传达给他人。**

所以要尽量保持"心情愉快"。

"但是心情什么的，每天都不一样吧？"——确实，也会有人有这样的想法。

实际上，这里可以有不同的思考方式。那就是，自己的心情由自己决定。我们可以问问自己："今天想以怎样的心情度过？"这样就可以从这些问题的答案中主动选择自己的心情。

请牢记，我们是可以管理自身的心情的。

当你意识到自己焦虑不安时，不要就这样被情绪牵着鼻子走，而是要立即停下前进的脚步，去理解"自己现在的感受是什么"。也就是说，理解情绪，创造冷静的瞬间。

接下来，请试着问自己："我现在是不是正在被情绪左右？"

这一瞬间的"回顾"和"认识"是管理自身心情的诀窍。

"微笑"的习惯，能让自己和周围的人心情愉悦

至此，我传达的或许都是一些众所周知的信息，但如果反过来思考，还有一种做法，那就是**不管自己心情好还是不好，都要努力保持微笑。**

| 第三章 |
学习不否定的技巧

这是我在担任国际教练联合会日本分会（当时的称呼）代表理事时发生的事。在我任职时，拍照的机会特别多，经常会有人拿着手机对着我说："请允许我拍张照吧。"

他们给我拍的照片不久之后就会被大量上传到社交媒体上。

我刚就任代表时，经常会看到大家在社交媒体上晒出我的照片。每次我都讶异于自己的笑容竟如此之少。

为此，我一个人锲而不舍地对着镜子进行这项训练，无论在什么情况下，只要面对镜头都要保持微笑。于是，我掌握了这项随时都能保持微笑的技能。

当我做到这一点后，因为我总是面带笑容，所以对面的人也会被我的表情感染，从而露出微笑。这就是它产生的连锁反应。不仅如此，因为对方也露出了笑容，所以我的心情也会随之变得轻松愉快，这也是一种连锁反应、良性循环。

也就是说，**为了管理自己的心情，我磨炼了"时刻保持微笑"的技巧。**

管理心情的方法有很多，这只是其中的一种，还请大家一定试着创造适合管理自己的心情的方法。

即使学习了不否定对方的思维和交流方式,如果不能管理好自己的心情,还是有可能在不知不觉中否定对方。

管理心情,也可以说是控制情绪。

在这里我想告诉大家的是,"不否定"既是一种"技巧",也是一种"习惯"。

| 第三章 |
学习不否定的技巧

09 如果已经否定了对方,该怎么办?

修正否定的技巧

在实践篇"不否定的技巧"的最后,我将要讲述**"说话时,不知不觉间已经否定了对方该怎么办"**的相关内容。

比如,在和下属面谈时,一不小心说了否定的话,我们应该怎么办呢?

答案出乎意料地简单。

只要修正就可以了。

一击便摧毁了与对方关系的那种发言,想要修正是很困难的;尽管已经很注意了,但还是不小心用了听起来像是否定的表达方式,这种情况是有可能修正的。

具体来说,可以采用这样的修正话术。

"如果听起来像是在否定你,那实在是抱歉。"

"我刚才说的话,听起来好像是在否定你,我不是那个意思,我可以重说一遍吗?"

111

像这样，大大方方地告诉对方"自己并没有否定的打算"。然后，说出自己真正想说的话。

用第二章出现的搞笑艺人组合"pekopa"的段子来说就是"让时光倒流"。

英语中有"Are we OK？""Are we on the same page?（我们意见一致吗？）"之类的说法。意译的话，大概就是"现在没问题吧？"。

因此，请一定要将从本章学到的知识运用到实际工作中。

并且在说话过程中，如果意识到了自己在否定，就一定要坦率地去修正，做到这一点就可以了。

| 第三章 |
学习不否定的技巧

10 不让对方感到被否定的技巧

不会让人感到被否定的三种措辞

在人际关系中最重要的，就是不被对方讨厌。被所有人喜欢是很难的，但只要停止否定，谁都可以达成不被人讨厌的目标。

"不被讨厌"，具体来说就是"既不喜欢也不讨厌"的中立状态。

如果让我说一种人际关系中的理想状态的话，我觉得就是在这种中立状态下，只要能让对方朝着"对你产生好感"的方向延伸哪怕1%，就已经算是很完美的人际关系了。

为了实现这种关系，我们还是要做到"不否定"。

话虽如此，在现实中我们难免会遇到"不得不否定的场面"。

在此，我来介绍三种"不让对方感到否定的措辞"，以获得那额外1%的好感。

不让对方感到被否定的措辞 1：让否定变得有趣。

为了不让对方感到被否定，就要设法做到轻快地否定。比如，在听到对方的提案时，微微一笑，尝试带着从容的笑容说"嗯……这样啊""行！那进行下一个提案吧"等。如果用严肃的表情和语气否定对方，就会给对方带来很大的伤害，但如果在愉快的气氛中传达同样的意思，被否定的一方也不会因为对方太过严肃而难以接受。

不让对方感到被否定的措辞 2：留有退路。

例如，你在工作中检查下属撰写的策划书时，发现了一些问题。

此时，不要一上来就否定，而是试着用"这个策划书还没做完吧""作为参考，下次把其他备选方案也给我看看吧"等留有余地的说法。如此一来，或许就不会把对方逼入绝境了。

不让对方感到被否定的措辞 3：暗示期待。

"这个方案也不错。但我觉得你应该能提出更好的方案，要是你能再多想想就好啦！""一直以来，我都很了解你的

第三章
学习不否定的技巧

实力，但我觉得这次你还没有使出全力呢。"

像这样，一边承认对方的潜力，一边要求对方进行更多的挑战，通过这种形式，既能肯定现在的方案，又能传达出要求对方进行改善的信息。

这在专业培训中被称为"鼓励挑战"，相信对方的可能性，不满足于现状，能够向对方提出更严格的要求。

不否定任何人，才能组建"低调的后援队"

说句题外话，关于演技，据说某位电影导演从来不会让演员 NG。

他会说：**"真好，太精彩了！能不能换一种表演方式再试着来一遍？"** 让演员多表演几次，然后采用其中之一。

这也是"不否定的技巧"。

如果导演对已经记住了台词且投入感情的演员说"你这是什么演技！这里可不是让你来学表演的"等诸如此类的话，可能会让演员对导演产生厌恶的感情，并觉得导演难以相处。这些看似不起眼的话一句一句慢慢累积起来，最终很有可能会影响作品的整体质量。

特别是在上司和下属的关系中,是要让下属觉得"如果是这个上司的请求,那我可以努力去做",还是要让下属觉得"这个上司说的话,我是一句也不会听的",根据下属这两种想法的不同,团队的成果也会有很大差异。

在职场中,我觉得"无比喜欢上司"的情况极其罕见。相反,非常讨厌上司的情况应该十分常见。

当然,在团队中,既不喜欢也不讨厌上司的人意外地很多,甚至可以说占大多数。

如何与这一部分人进行交流,会对团队的表现产生很大的影响。

你是怎样进行交流的呢?

重要的是,不要总想着"要被人喜欢"或"不要被人讨厌",而是面对所有人都要养成"在交流中不否定"的习惯。

从我迄今为止的经验来看,如果上司能像刚才提到的那位电影导演那样,在表达上下功夫,那么大多数下属就会像低调的后援队一样,含蓄地表达自己的好意:"这样的话,我倒是可以帮你一把。"

这种"总而言之会帮忙的、低调的后援队"一般的存在,

| 第三章 |
学习不否定的技巧

在推进工作时,是非常值得依赖的。

你是否听过这样的话:**"工作能力强的人,周围的人都会为他而行动。"**

那是因为那些被认为工作能力强的人成功地组建了很多"低调的后援队"。

再次强调,要想组建一个低调的后援队,就不要否定。而且,在想要否定对方时,也要选择不会让对方感到(或很难让对方感觉到)被否定的语言。

请一定要意识到这一点。

11 让对方感兴趣的、具有"魔力"的三个字

成为"润滑剂"的魔法语言是什么？

上文中，我已经表达了"即使不同意对方的话，也要承认对方所说的事实"这一观点。

这时，只需要使用具有"魔力"的三个字，就能建立更好的关系。

这三个字就是**"不愧是"**。

看看日本昭和时代的老电视剧和电影，会发现里面经常出现"好啊，社长！您的眼光真独到！"诸如此类奉承对方、让人觉得肉麻的措辞。这确实是昭和风格的沟通方式，但让人觉得不可思议的是，被奉承的人并不会觉得不好。

遗憾的是，我觉得这种说法已经有些陈旧，不能直接用于现代交流。

即便如此，我们也可以换一个类似的现代版本的表达，

| 第三章 |
学习不否定的技巧

那就是"不愧是"这三个字。听到这个说法的人"不会觉得不好",这是一种让人觉得不可思议的表达。

在使用方法上,我们可以使用这样的词语进行组合。

"能注意到这一点,你的观察力可真厉害。不愧是××啊!"

"不愧是××!能想着更进一步,很有上进心!"

在我的专业领域——沟通技巧的培训中,我已经意识到不要过度使用夸奖的方法,但"不愧是"这种说法使用起来依旧很方便,所以我还是会适当地使用。

总的来说,**"不愧是"三个字可以说是交流的润滑剂。**为了使对话顺利进行,"不愧是"这一措辞可以说效果不可估量,我们一定要熟练运用。

啊, 你说得对

Chapter Four
第四章

养成"不否定"的习惯

01 "实况转播"的习惯

总是下意识地否定他人者的自我训练

"'不能否定他人',道理都明白,但总是会忍不住去否定……"

如果你也是这样,希望你一定要进行自我训练,这也是本章要介绍的内容。

希望你们在养成"不否定的习惯"的基础上,能在晚上睡觉前或早上起床后,留出一点时间审视自己。

此时,你要做的就是,通过自我训练养成不否定的习惯。

自我训练,顾名思义就是对自己进行训练。为了养成在交流中不否定对方的习惯,我们可以在晚上睡觉前或泡澡时等这种只有一个人的时间里进行尝试。

我先来讲一讲自我训练时的基本理念。

| 第四章 |
养成"不否定"的习惯

那就是,<mark>与其盲目地追求方法论,不如先停下脚步,充分了解现在正发生什么。</mark>

换句话说,就是"了解自己,了解对方(知己知彼)"。

为此,要像"实况转播"一样回顾今天发生的事情。

- 今天是怎样的一天?
- 是忙碌的一天还是较为轻松的一天?
- 和什么样的人共度了时光?
- 产生了什么样的感情随后又消失了?

我希望大家能回顾一下这些事情。但我又怕大家在这样做时,很有可能会下意识地陷入摸索方法论的状态。例如,情不自禁地去思考"我到底做错了什么""应该怎么办才好""到底怎么做才是正确答案"。

这时,我们追求的不是方法论,如果你意识到自己陷入了上述状态,请回到最初的问题。

此时重要的是,<mark>只抓住事实信息进行回顾。</mark>

在这个过程中,你可能会发现自己有意或无意地否定了某个人。

当你回忆这些事时，在思考"应该怎样做"之前，**要先把注意力集中在客观事实上，从认真回顾"自己不小心否定他人的场景"开始**，这就是所谓"实况转播"的自我训练。

这样一来，你就会在自己的**否定行为**中，逐渐发现**"愿望"和"意图"**的存在，也许还会发现"恶意"和"嫉妒"等因素。

请你试着冷静地回顾一下。

否定他人这一行为的本质是什么？

通过这一过程，我们可以找到否定的动机。也就是说，我们可以通过了解自己采取否定行动的原因来弄清自己的否定机制。

在本书中，我且将否定背后的想法称为"根本动机"。

将"一天"分解的模拟训练

如果能进行到这一步，你就能意识到，这个"根本动机"便是促使你采取否定行动的出发点。

| 第四章 |
养成"不否定"的习惯

换句话说,就是要明确因果关系。我认为,如果能找出两者间的因果关系,我们就能明白否定并不是唯一选项,而是还有其他方法。

接下来,我将以更具体的事例进行说明。

例如,某天你正在和下属讨论下个月要向客户展示的新产品的广告方案。当你打断下属的意见,向他表达你的想法时,下属转过身对你大声吼道:"我真是受够了!"然后自顾自地回到自己的座位上。

如果想要对事情发生的这一天进行回顾,那么"实况转播"的思考方法如下。

- 发生了什么?
- 什么事情进展得比较顺利?
- 什么事情进展得不顺利?
- 自己是不是否定了对方?当时为什么要否定对方?

因为是"实况转播",所以**只需要直面事实,审视自己。**完全没有必要去思考"我做错了什么?""我应该怎做?""怎么做才是正确的?"等问题。

例如,当你试着进行"实况转播"时,或许会得到以下结果。

- **发生了什么?**

在沟通的过程中,下属生气地说了一句"我真是受够了"便回到了座位上。我自己也很生气,所以也没有跟进,今天就这样回家了。

- **什么事情进展得比较顺利?**

平时不怎么表达自己想法的下属,今天把他的想法告诉我了。

- **什么事情进展得不顺利?**

在听了下属的心声后,我下意识地立刻就把他的想法否定了。

- **自己是不是否定了对方?当时为什么要否定对方?**

是。因为这对公司来说是绝对不可能实现的。所以我

| 第四章 |
养成"不否定"的习惯

想着"让对方抱有期待不好""还是让对方先意识到这一点吧",本来是出于好心,却没想到不小心立马否定了对方。

要像这样,不是笨拙地摸索解决方案,而是先冷静地分析现实情况。

在这个过程中,我们会发现,**我们采取否定行动的"根本动机"就在于"好心"。**

"如果是出于好心,那么或许我还可以采用别的表达方式。例如,我在肯定对方意见的基础上,再说'你的想法我很理解。但很遗憾,以公司现在的状况来看,这种方案是不可能被批准的,所以我认为我们还是暂时保留意见比较好'。这样表达的话,下属或许就不会生气了。"你看,只有这样回顾,我们才有可能看到其他回答方式。

无论遇到什么样的情况,都要像这样冷静地仿佛"实况转播"一般回顾这一天发生的事情,这是为了不否定他人而进行自我训练的基础。

啊，你说得对

"实况转播"方法

只抓住一天或一天中某个场景的"事实情况"进行回顾

< 问题的顺序 >

①发生了什么？

②什么事情进展得比较顺利？

③什么事情进展得不顺利？

④自己是不是否定了对方？当时为什么要否定对方？

要点

不要从一开始就考虑"该怎么办才好"，不要急于寻找事情的解决办法

| 第四章 |
养成"不否定"的习惯

沟通时，意识到"自己只需安静地待着就好"

不仅是使用"实况转播"方法时，有的人在进行回顾式自我训练时，也会出现消极的想法。当然，追忆过去的时光，反省自己的言行，想着"如果当时这样做就好了"，也不足为奇。

因此，在自我训练中，有一项很重要的"意识"。

那就是在和对方沟通时，你要意识到，对对方来说"你并不像你所认为的那样被需要"。

为什么这样说呢？

对下属来说，因为有你的存在，他才会说话。

也就是说，你**只要在那里，就基本完成了你的任务。**

例如，和下属面谈时，你应该给予他什么呢？

那就是**"给予对方说话、反省自我的'沉静时间'"。**

明明需要安静，你却认为"自己一定要做些什么"，因此说了多余的话，那么便相当于主动放弃了"只需保持沉默就足够"的角色。

要知道"没有人要求你主动去做什么"。**你在和别人说话时，应该也希望对方能够"无条件地默默听自己说话"吧。**

至少，你不会希望他在你说话的过程中插嘴，提出你根本不想听到的建议或对你进行说教。

我经常对自己说：

"现在跟我说话的是成熟且优秀的大人。如果他想要得到一些客观的建议或判断，应该会自己主动向我寻求帮助。如果没有，那就意味着他只是希望我默默地听着。"

与人对话时，基本上"只要自己安静待着就已经完成了任务"。

这种想法正是进行"不否定"的自我训练的重要前提。

| 第四章 |
养成"不否定"的习惯

02 改进说话方式的"六行对话"法

通过"回顾对话",增加下次对话的选项

我们早已在不知不觉中养成了抓住对方的话头进行对话的习惯。

"昨天我想吃拉面,就去了那家常去的拉面店,结果它正好休息。"

"笨蛋!你应该先在网上查一下它开不开门,然后再过去啊。"

这样的对话虽然是成立的,但不同的对象会对此产生不同的反应。有些人或许会因此感到不高兴。那些自认为"阅历丰富"的人,往往会这样回答。

"昨天我想吃拉面,就去了那家常去的拉面店,结果它正好休息。"

"那还真是浪费时间了啊。不过，人生就是这样，已经过去的事就把它忘了吧。"

也有人会这样回答。这样回答的人或许还因为自己给出了有利于对方的答复而沾沾自喜，可对方或许完全不以为然，想着"他就知道说些废话……"。这样回答的人中，有一部分人觉得自己猜到了对方说这些话的真实意图，于是便这样回答。

"昨天我想吃拉面，就去了那家常去的拉面店，结果它正好休息。"

"原来是这样。那我们今天一起去那家店吃拉面怎么样？"

之所以特意这么回答，是因为回答者认为"对方想说的肯定是既然昨天没吃到，那么今天一定想去吃"，抢先一步进行了回答。乍一看很机灵，事实上也没有抓住要点。

在沟通技巧培训中，我们的重点不要放在"过去"，而是要一边想象着"未来"的"理想状态"一边推进对话。这就是所谓"面向未来"的思考方式。

第四章
养成"不否定"的习惯

假如是一名专业的培训师，在听了刚才对方的话之后，就会用"面向未来"的方式去思考"接下来该进行怎样的对话"，以此来规划对话路径。

各位读者不是专业培训师，或许不需要这样的思考方式，但我想给大家介绍一种训练方法，请务必尝试一下。

我便以刚才关于拉面店的对话为例，告诉大家具体的方法。

我们可以想象一下，假设**自己是一名编剧，正在尝试创作剧本。**

如果觉得创作剧本有些困难，也可以想象成画六格漫画。

说虽如此，实际上没必要真的画成漫画，只要在脑中想象，然后把角色正在说的台词写下来，形成"六行对话"，就能达到同样的效果。

那么，赶快一起来试一试吧。

刚才举的例子"昨天我去了那家常去的拉面店，结果它休息了"，这样的对话接下来应该如何展开呢？从本书开篇一直读到这里的你，一定想到了什么吧。

是的。首先就是复述。有意识地进行复述，充满想象

啊，你说得对

力地把对话变成六行①，类似下面的感觉。

"昨天我想吃拉面，就去了那家常去的拉面店，结果它正好休息。" 以对方的这句话为第一句，从这里开始接六行。

① "哦，原来是这样。你去了那家常去的拉面店，结果它休息了。"（复述）

② "是啊，没办法，所以我就去了一家新的拉面店。"

③ "原来是这样。你去了一家新的拉面店。"（复述）

④ "结果发现这家店的面意外地好吃呢。多亏了今天我常去的那家店关门了，让我有了新发现。"

⑤ "原来还有那么好吃的店啊（肯定），在哪里啊？再跟我多说一点呗。"

⑥ "我把这家店的主页发给你，过几天一起去吧。"

在脑海中想象这样的对话，就是在进行不否定的自我训练。

在实际对话中，如果因为使用了反例中的那些回答而导致对话无法顺利展开，对方早早切断对话起身离开，那

---

① 日文原文为六行。——编者

| 第四章 |
养成"不否定"的习惯

我们就回想一下对方当时说的话,试着用六行左右(适当增加或减少行数都可以)的对话来思考该如何将对话展开。

顺便提一下,我认为这种"在与对方沟通时,能瞬时以面向未来的方式进行思考,推动对话向好的方向发展的剧本构建能力",**对每一个**不放过任何机会,需要对事物状况做出准确判断的**经营者来说,是极为重要的资质。**

啊，你说得对

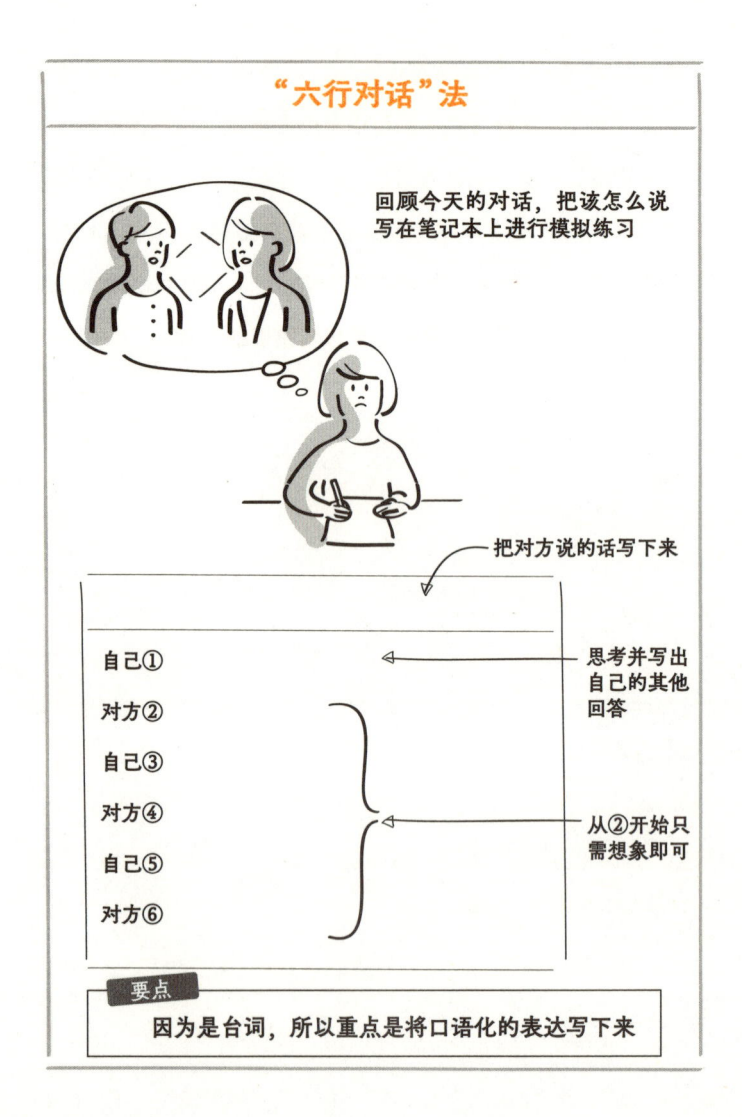

"六行对话"法

回顾今天的对话，把该怎么说写在笔记本上进行模拟练习

把对方说的话写下来

自己①	← 思考并写出自己的其他回答
对方②	
自己③	
对方④	← 从②开始只需想象即可
自己⑤	
对方⑥	

要点

因为是台词，所以重点是将口语化的表达写下来

| 第四章 |
养成"不否定"的习惯

03 培养俯瞰力的"on the chair"法（椅子思考法）

动起来，改变视角的四个步骤

否定对话中一定会有两个出场人物，这或许是理所当然的事情。换句话说，也就是对话中一定会有你和对方两个人。前文中，我已经介绍了自我训练的方法，那就是通过自己的思考，回顾双方之间发生的事情，然后俯瞰全局，探索有没有更好的方法。

接下来，我将为大家介绍一种需要在进行空间移动的同时使用的方法。在一个稍微宽敞的空间里准备好椅子，如第140页图所示，将椅子摆成三角形。接下来，请尝试以下"四个步骤"。

第一步：用自己的"椅子"再现语言。

首先，请试着在三把椅子中选择一把坐下。

这就是"你的位置"。

然后，请试着回答我下面的问题。

"坐在这把椅子上，试着再现你否定对方的对话，你对对方说了什么？"

这个问题便是开始。请你试着在稍稍回想的同时，把自己的话语再现出来。说完之后，请再试着回答下面的问题。

"说这句话的时候，你有什么感觉？"

假如你是这样回答的：

"我当时特别生气，就顺势直截了当地说出来了。"

如此一来，你愤怒的情绪就凸显出来了。

请一定要试着去回想那一瞬间的情绪。

第二步：去到"对方"所在的位置。

做完第一步后，再坐到对面的椅子上。

对面的椅子，就是同你对话的那个人的椅子。

那么，你和对面的椅子之间的距离有多远呢？

是近到感觉膝盖与膝盖马上就要触碰到的距离，还是像在房间两端那样远的距离？

请试着调整椅子的位置，坐在可以代表你和那个人关

第四章
养成"不否定"的习惯

系远近的地方。你应该可以在对面看到自己之前坐过的"椅子"。

在这里有一个小指示——请留出想象的时间。

"此刻,你就是当时与你对话的那个人。请稍微模仿一下他的动作和表情,试着完全成为对方。"

至此第二步准备完毕。在这里,我将提出一个问题,请你试着站在对方的立场上回答。

"在听到对方的否定之后,你有什么感觉?"

请一定要完全成为那个人,试着投入感情地回答。

假设你做出了如下回答:

"我当然只会觉得不高兴呗。明明他自己都做不好呢,还随随便便对我指手画脚。"

这一点很重要。试着站在对方的立场上,设身处地地体会对方的思考和感受。通过空间的移动,我们更容易变成"对方",站在对方的角度思考问题,所以请一定不要停留在原地思考,而是要试着移动起来。

然后,请允许我再问你一个问题。

"还有别的吗?"

啊，你说得对

"on the chair" 法①

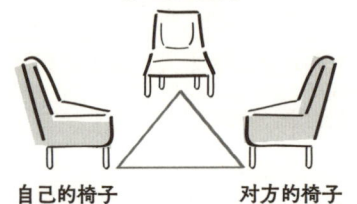

第三方的椅子

自己的椅子　　　对方的椅子

准备三把椅子，摆成三角形

第一步： 坐在"自己"的椅子上

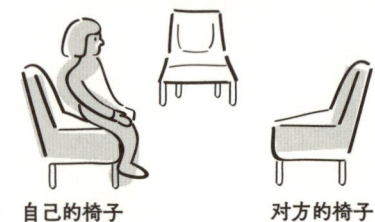

第三方的椅子

自己的椅子　　　对方的椅子

①回想自己对对方说过的话

②思考"当时是什么感觉"，回想当时的感情

第二步： 坐在"对方"的椅子上

第三方的椅子

自己的椅子　　　对方的椅子

①完全变成对方，回答下面的问题

②"听了对方的话，你有什么感觉？"

③"还有别的吗？"

| 第四章 |
养成"不否定"的习惯

也许你会做出如下回答:

"还有,我希望这个人不要戳我的痛处。因为他指出的问题都切中了要害,听起来很刺耳,所以我更生气了。"

到这里,第二步就结束了。

第三步:成为倾听两人对话的第三方。

这一次,移动到最后一把椅子上。

将这把椅子放在稍微远一些的地方,以便观察之前坐过的另外两把椅子。以三把椅子为三个点画线,就会形成一个三角形。

这把椅子是"虚构"的椅子,假想它是第三方视角所在的位置。具体来说,就是假设有人躲在背后倾听两人的对话。这第三把椅子就是为了模拟、再现这一场景设置的。

请想象一下,坐在这里的你,冷静地看着两人对话的样子。

在此基础上,试着回答我下面的问题。

"冷静地听着两人的对话,你想到了什么?"

我试着写了一个例子，你一定会像这样回答。

"我觉得这两个人吧，一直……一直……在进行无聊的对话。即使要指出对方的错误，也应该注意表达方式吧……如果换一种表达方式，沟通就更具有建设性了。他这样说话，无异于火上浇油啊，他怎么就不明白呢？"

如果能像这样感受到冷静且相对冷淡的"客观视角"，那么就到了再次移动位置的时机。

第四步：回到最初的椅子上，重新思考。

欢迎回来，长途旅行辛苦了！

第四步，让我们重新坐回最初的椅子上。

这里是"你"曾经坐的椅子。

那么，我想再问你两个问题。

"你回到了自己的位置上。现在，在轮流坐过对方和第三方的椅子后，你明白了什么道理？"

"在明白这些道理之后，你觉得为了使对话进展得更顺利，你能做些什么呢？"

| 第四章 |
养成"不否定"的习惯

"on the chair" 法②

第三步： 坐在"第三方"的椅子上

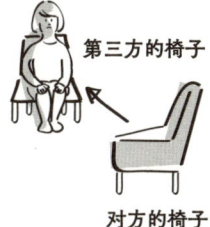

第三方的椅子

自己的椅子　　对方的椅子

①想象自己站在第三方的角度倾听两人的对话，回答以下问题

②"冷静地听着两个人的对话，你想到了什么？"

第四步： 回到"最初的椅子（你的椅子）"上

第三方的椅子

自己的椅子　　对方的椅子

①回到最初的椅子上，重新品味感受，回答以下问题

②"你明白了什么？"

③"在已知内容的基础上，你还能做些什么让事情变得更好呢？"

> **要点**
>
> 在现实中移动、感受、思考

143

通过位置的移动来感受对方的状态，就是这个实验的目的。

这个实验关键在于，你可以通过使用椅子来移动自己所在的位置。

通过实际的移动，我们可以从对方的椅子这一空间位置看到自己否定对方的样子，从而更容易再现对方的状态。

同时，在第三步中还可以体验到第三方的视角，由此更容易做出客观的判断。还有一个优点，那就是更容易想到其他解决方法。

虽然这需要一些空间和时间，但我想你一定会有惊人的发现，所以请务必尝试一下。

| 第四章 |
养成"不否定"的习惯

04 "知道"与"做到"大不相同

自我训练,不实践就没有意义

前文介绍了实现"不否定"的各种方法论,你觉得如何?或许其中有些是你们曾经"听说过的方法"。

即使是这样,对于任何有条件去做的事情,请务必试着实践一下。

"知道"是没有意义的。在现实中付诸行动才有意义。即使知道,但不去实践,现实中也不会发生任何改变。

事实上,我在做培训讲师时,就经常遇到这样的情况。例如,让他们临场尝试时,越是说着"什么嘛,这不都是些最简单的事情吗?"的学员,越是什么都做不好……

"知道怎么做"和"实际能做到"是完全不同的。

下面我介绍一个例子。

我曾经对一位新人培训师说:"我希望你在指导学员时

能多笑着说话。"但他本人反驳道:"我已经在笑了,没法比现在笑得更多了。"

于是,我试着录下了那个培训师指导学员的过程。在给他本人看过视频后,他才明白"原来,我一直完全没有笑容"。

像这样,**"即使明白,也愿意去做",但实际上"没能做到"的事情时有发生。**

因此,在获得培训师资格证书的过程中,很多机构都规定必须同时满足"学习时长"和"实践时长"。实际上,在考取国际教练联合会的ACC[①]证书时,也规定了证书申请条件是学习时长在60小时以上、实践时长在100小时以上(本书创作时的申请条件)。

在这个事例中,机构规定的实践时长是多于学习时长的。由此我们可以看出,仅靠课堂学习,是无法灵活运用我们学到的知识的。

---

① 助理认证教练。——编者

| 第四章 |
养成"不否定"的习惯

在印度流传的有关药的故事

我曾在某个地方听到过这样一个故事。

在印度的某个小镇里,有一位德高望重的名医。

有一位病人,为了请这位名医给自己看病,千里迢迢地从自己的村子赶来。

这个病人请闻名天下的医生开了药,兴高采烈地回自己的村子去了。

回到村子之后,他把珍贵的药摆上神龛,每天祭拜。

然后,他到处自豪地跟村民们说:"我请了闻名天下的医生给我看病,还开了药。"

但是,心存感激的他只顾着炫耀而没有吃药,所以病最终也没有治好。

怎么样?

不管得到多么有效的药,如果没有实际服用,那么病还是治不好。

换句话说,"无论得到多么珍贵的教诲,如果只是心存

感激、虚心接受，或是炫耀自己已经知道了这些事情，这都是毫无意义的。如果不试着在实践中运用它们，它们就毫无用处"，就是这个道理。

这就像是，不管在烹饪学校学到了什么菜谱，如果不实际动手去做，就既不会成功也不会失败，更不会知道味道的差异。

但在实际动手做了之后，就能弄清"咦，这里是用大勺还是小勺？""这个原料要怎么切？"等一些之前并不清楚的地方。

只有实际去做，才能"真正掌握你学到的东西"。

那么，在接下来的最后一章，也就是第五章，我想在"不否定对方"的基础上，进一步介绍"建立良好人际关系的对话技巧"。

第五章
Chapter Five

建立"良好人际关系"的对话技巧

01 引导对方持续表达的五句"附和语"

附和就像"捣年糕"一样

我在第三章说过,要在对方说完之前保持沉默。

话虽如此,但如果你一直沉默不语的话,对方是很难持续讲述的。

因此,我们要在对话过程中适时地"附和"。**让我们就像合作"捣年糕"的两个人一样,在对方停顿的间隙巧妙地加入附和吧。**

附和与捣年糕相似。[①]

在"捣年糕"的过程中,"附和方"就是"为了使年糕能够全方位均匀地受到敲打""为了使年糕不粘在木臼上"而存在的。在对话中,我们也要巧妙地引入附和,不是从一个方向,而是要从各个方面全方位地深入询问对方。如此

[①] 捣年糕时两人的分工为一人负责敲打年糕,另一人负责在敲打的间隙翻动年糕,以确保年糕各个部位受力均匀。——译者

第五章
建立"良好人际关系"的对话技巧

一来,对话不会中断,我们也可以不断地进行引导。

这就是"附和"。

因为附和要给人一种"把年糕迅速翻转过来的感觉",所以语言太过冗长就会打断对方的话。如果放在真实的捣年糕的过程中,就会被杵臼砸到手吧。

因此,请不要思考太多"我必须向对方传达有益的内容"这类多余的事情,而是用简短的语言结束就好。

"附和"的基本句式有以下五个。

- "原来是这样啊。"
- "那你再仔细说说呗。"
- "还有别的吗?"
- "那这样说来?"
- "那如果是这样的话?"

极端地说,只要大家把这五句话记下来,将附和对方的话按顺序使用,即使其他什么话都不说,对话也能成立。

之后,对方大概会说:"啊,谢谢你让我说了这么多,真的太开心了。"以此来表达自己的心满意足。

对话要像"转盘子"一样推进

当你在和别人说话时,请在脑海中想象一下这样的画面。

"在自己和对方之间,有一个盘子正在被一根木棒顶着不停地旋转。"

这个盘子,就是自己和对方此刻的对话。

良好的状态是指盘子呈现旋转自如的模样,即使不特意关注盘子,对话也能顺利进行。

而否定就像是用手将正在转动的盘子从木棒上推开,使其掉落以阻止它继续转动,或是开始在旁边转动其他盘子的行为。

不要这样做,使用本书在前文中介绍的复述和肯定等方式,就可以使盘子更灵活自如地转动。

顺带一提,夫妻吵架大多也是因为在对话时一方否定了另一方的话,开始转动另一个盘子导致的。

而进行"不否定的对话",是让一个盘子保持有序旋转状态的最佳方法。

能够掌控这一切的不是别人,正是你自己。

"想象一个盘子在旋转的画面",这种方法不仅适用于与对方的日常对话,在会议中,想要推动对话顺利进行时,也十分有效。

我们可以把"讨论的内容"比作一个盘子,经常想象它能否在所有人的参与下稳定旋转,同时一边观察是否有人开始转动另一个盘子或是打算用手推开盘子,一边引导会议有序进行。

02 让对话和讨论更具建设性的"提问"法

熟练使用两种提问方法

接下来,为大家介绍能够帮助建立良好人际关系和信赖关系的会话技巧。和谁进行什么样的对话,根据读者和对话场景的不同采用不同的方法。

这里要介绍的是提问的技巧。

首先是关于如何分别使用两种提问方式。

众所周知,向对方提问时的方式大致可以分为两种:**"封闭式提问"和"开放式提问"**。如果能理解这两种提问方式的不同之处,并加以区分使用,就能很好地把握与对方的对话,即使不否定对方也能顺利推进对话。

实际上,关于"封闭式提问和开放式提问的区别使用"这一话题,在十几年前还有人提议"把提问方式全部改为开放式的"。但现在这种理解已经发生了变化,人们普遍认为,

第五章
建立"良好人际关系"的对话技巧

要充分发挥这两种提问方式的优势,区别使用二者才会更加有效。

那么,让我们来看看这两种提问方式的特点。

- **封闭式提问。**

这是一种由一方提出具体问题,另一方基本上可以用"yes(是)"或"no(否)"回答的提问方式。其特征是,一方(提问的一方)说话时间长,另一方(回答的一方)说话时间短。因为对方只需要选择答案,所以很容易回答。因此,在建立心理安全性方面,这种提问方式有时能发挥很好的作用,但对方很难产生自主性和创造性的回答。

- **开放式提问。**

这是一种一方不列举具体例子,由另一方自由回答的提问方式。其特征是,相较于提问方,回答方的说话篇幅会更长。虽然回答者的自由度提高了,但同时也增加了回答者的精神负担。

但从反面来说,负担越大,对方的自主性和创造性也就越容易提高。

如上所述,两种提问方式产生的效果截然相反。

"从开放到封闭"的法则

在此,让我来介绍有效使用这两种提问方式的方法。具体内容如下。

"首先,用开放式提问方法进行提问,然后用封闭式提问方法再问一次同样的问题。"

这种方法,在销售话术中被确立为固定用法。就像这样:

"对于刚才介绍的这款商品的性能,您觉得怎么样?"(开放式提问)

"嗯,××这个功能看起来很实用。"

"那么,您是说我刚才介绍的××功能非常实用,让您觉得这个产品还不错,对吧?"(封闭式提问)

在销售现场,像这样反复进行开放式提问和封闭式提问,不断积累微小的"yes"的回答,就会产生很好的效果。

"先用开放式提问方法询问,再用封闭式提问方法询问同样的问题",这样的说话方式不仅适用于销售,在上司与下属的对话中也同样有效。

"今天你想说什么?" 这是一种开放式提问。

| 第五章 |
建立"良好人际关系"的对话技巧

与此相对,如果下属对某事进行了回答,而你针对这件事问道:**"今天你是想谈谈关于××的事情,对吧?"** 那么,这就是封闭式提问。

"啊,我刚才向对方提出了开放式问题""我刚才向对方提出了封闭式问题",如果能有意识地区分使用这两种提问方式,就能更容易地把握谈话的方向。

还有一点,当下属在工作中出现失误时,你或许会反问他:"你觉得犯错也没关系吗?"这个问题实质上属于封闭式问题,被质问的下属在回答时没有其他选项。

那么,假如你这样问的话会怎么样呢?

"你这次在××方面失误了,是有什么特殊情况吗?"

这是为对方留出辩解的余地的开放式提问。

"其实,那位顾客是个恶意投诉者,这次的事情事实上不是我们的错,但对方总是这样,所以我想着干脆把这次交易当作最后一次,结束他和我们的交易关系。"

通过这样的询问,有时一些对商业决策至关重要的信息就会清晰地呈现出来。

为了加强与对方的联系,与其单方面地穷追不舍,不如故意给对方留出退路,给予对方解释的机会,这样的提问才更有效。

还有下面这种提问方式。

"如果从这次的错误中吸取教训并运用到下次,你觉得自己能做出哪些改善?"

这是着眼未来,引导对方思考改善对策的开放式提问。

继续这样的提问,然后说**"我们一起来考虑解决方案吧"**,就能让你和对方的关系变得更好。

| 第五章 |
建立"良好人际关系"的对话技巧

03 与对方进行眼神交流的最好时机

"一直看着对方的眼睛"是不合适的

我在第三章中说过,对话时,非语言行为比语言更重要。

在这些非语言要素中,还没有涉及"保持与对方目光接触"的行为。也就是说,没有聊过关于眼神交流的话题。

经常有人说:"和对方说话时,要看着对方的眼睛。"

当真是这样吗?

如果是以前的话,这或许还行得通,但最近,越来越多的人都不擅长和对方面对面直接交流。如果说话时一直被对方盯着看,说实话,大多数人都会觉得很不舒服吧。虽说"对话时要看着对方的眼睛",但上升到凝视还是有些过分了。

那么,应该怎么办呢?

直截了当地说,只要在"对话开始""对方的话画上句

号""对话结束"时看着对方的眼睛，就足够了。**

对说话的人来说，你是否在看他，只会在开头和结尾时给他留下印象。因此，只要在对方开始说话和你觉得对话差不多要结束时，看对方的眼睛就好。

并且，在对话过程中，要关注对方话语中"句号"的部分。在句子正好要画上句号时，一边插入"原来是这样啊"等附和语，一边与对方进行眼神交流。

这样一来，对方既不会感到"一直被盯着看"的压力，也不会产生"对方完全没有看自己"的不满。

| 第五章 |
建立"良好人际关系"的对话技巧

04 让人讨厌的一句话
——"啊,那个啊,我懂!"

从"我懂"到"我觉得我懂"

在和对方说话时,你是否会忍不住这样附和呢?

"啊,那个啊,我懂!"

但在这里,我要问一问你们。

"关于对方说的,你们真的懂吗?"

莫非你们觉得,只需通过自己的想象,就能大致明白?

我也有过这样的经历。

有人问我:"林先生,上司让我'说得更有逻辑性一点',我该怎么办才好呢?"当我收到这封提问的邮件时,我条件反射般地想要回复:"那个啊,我懂。"可我却突然停下了正在敲打键盘回复邮件的手。

然后,我的脑海中浮现出了这样的话。

161

"咦，嗯……我真的懂吗？或许，我也并不是很懂。"

于是，我这样回复对方道：

"嗯……原来是这样。上司让你表达得更有逻辑性一些。关于这一点，我觉得我是有点理解的。"

在这里，我到底想表达什么呢？那就是，在任何情况下，都不要对对方的话妄下断言，不要说"那个啊，我懂"，而是说"我觉得我懂"。

因为你不是他本人，所以无论你怎样费尽心思，都不可能完全理解他的心情。

你是否在不知不觉中有过这样的对话？

"看了××那部电影，我简直感动得不得了。"

"啊，我懂！我懂！我也超级感动！"

不不，实际上令对方感动的画面和令你感动的画面可能完全不同。

对方有自己的成长经历，也许是因为把电影主人公的经历和自己的人生经历联系在一起，所以才会大受感动。或者，比起电影本身，对方可能是因为某个出场演员的演技而感动。

第五章
建立"良好人际关系"的对话技巧

然而,只是你自己觉得自己懂了,就回复对方说"那个啊,我懂",对方心里可能会想:"喊,明明什么都不懂,还硬要说懂……"

因此,即使是为了和对方建立更好的关系,也要注意不能轻易使用"嗯,那个我懂"这样的表达。

"我觉得我懂。"

"也许我知道一点。"

"我多少能理解一些。"

"我大概理解了80%。"

…………

这些话包含了"虽然我不了解全部,但……"的语义,建议大家使用。

对于公开发表的数据、新闻报道等**事实信息,使用"我知道"没有问题。但我们要先记住,关于主观感受和感情,使用类似"我觉得我懂"的表达,能让谈话更容易推进。**

乍一看是微不足道的细节,但如果你能像这样执着于每一句话,就能养成不否定对方的交流习惯。

163

05 向对方提出"建议"的方法

不要随意打开"冰箱"

如果我告诉大家"请不要否定对方的话",那么有人会提出这样的问题。

"如果不是想否定,而是想针对对方的话提出建议,这种情况下应该怎么办呢?"

这是一个很好的问题。否定和建议是不一样的,因此我们可以向对方提出建议。

那么,怎样才能在不否定对方的情况下提建议呢?我很理解你们的这种烦恼。

当被问到这个问题时,我经常用这样的比喻来回答。

"第一次去别人家里拜访时,你会随便打开他们家的冰箱吗?"

答案是否定的。如果是拜访过很多次、性情相投的人的家里,那还好说,但如果是第一次拜访别人,就不会随

第五章
建立"良好人际关系"的对话技巧

便打开他们家的冰箱,也不会随便进入他们家的厕所。那么,我们该怎么做呢?答案其实很简单。

只要得到对方同意就可以了。

"我想把买来的大麦茶冰一下,所以我可以打开一下冰箱吗?"

"我可以借用一下厕所吗?"

与此相同,如果你想在对方说完之后提出建议,那么就应该明确表达自己已经接受了对方的话,然后可以像下面这样提出一个请求。

"我有一个建议,我可以提吗?"

听到这样的话,几乎没有人会说"我不需要建议"。

下面的一点很关键——即使知道对方的回答一定是"可以",也不能省略这个步骤,先取得对方的口头许可再提出建议是非常重要的。

而且,更重要的是,**对方拥有是否接受你的建议的选择权。**特别是,如果你站在上司的位置上,就更应该明确地传达这一点。

"我可以提个建议吗?你可以采纳,也可以不采纳。当然,如果你有更好的想法,也可以告诉我。"

"我并不是命令你去做，你可以做，也可以不做，我只是提个建议，你看看怎么样？或者，如果你有更好的想法，也希望你能告诉我。"

············

这样的表达，给人留下的印象是：桌子上放着"建议"这个苹果，但"拿不拿，取决于你"。

像这样，在提建议时，即使对方是下属也必须得到对方的许可。

然后告诉对方，是否采纳建议的选择权在于对方。

如果按照这个步骤进行对话，对方对你的信任度肯定会提高。

经常有人会说"如果你这样做的话，一定会有很好的效果"，这些人常常把"对方会采纳自己的建议作为前提"而提出建议。如果对方是下属的话，这种情况更是十分常见。

如果对方没有决定采用或不采用的选择权，那么，这就不是建议，而是"居高临下的指示"。或者，只是"命令"而已。

"这既不是命令，也不是建议，我只是想把它作为一个

第五章
建立"良好人际关系"的对话技巧

方案,请你听一下……"像这样,提前做好铺垫再提出建议怎么样呢?

有时候,我们只是想提建议,却被对方当作我们对他们所作所为的全盘否定。因此,请一定要有意识地"在得到对方许可后提出建议"。

06 表达"强烈的意见"的对话技巧

改变对话模式的技巧

前面说过,想要向对方提出"建议"时,只需得到对方的许可就可以了。那么,在向对方传达比"建议"更"强烈的意见",甚至听起来可能会像是"否定"的意见时,应该怎么办呢?

冷静地思考自己和对方的对话,客观地看待自己的感情,在此基础上确定自己绝对没有感情用事或做事武断。即便如此,还是觉得:在此时此刻这个场合向对方传达"强烈的意见"比较好……

特别是在上司和下属的关系中,上司有时会发自内心地"考虑到下属的成长",而故意提出强烈的意见或命令。

在这种情况下,我们就需要**"改变说话的模式"**。

我曾在某家企业的办公室里目睹过这样的画面,一位品格高尚、颇受下属信赖的销售经理正在训斥一位负责销

第五章
建立"良好人际关系"的对话技巧

售事务的女性职员。

好像是那位职员犯了不该犯的错误,受到了大量的投诉,他正在对这件事进行指导。

当时,那位销售经理用非常严厉的语气这样说道:

"这次的问题总算解决了,但如果总是这样,会给客户带去很大的麻烦,甚至会影响到我们公司的声誉。那样的话,就会变成大问题,就不是和A公司取消交易就能轻易解决的了!"

被训斥的职员在那里露出一副快要哭出来的表情。

我一直在观察那个场面,心想"他批评得可真严厉"。突然,那位销售经理好像意识到了什么,改变了说话的模式。

他停顿了一下,突然用温柔、劝导的语气这样说道:

"所以,为了不再发生那样的事情,让我们一起来思考,如何才能防止重蹈覆辙吧!"

语气从之前的严厉到现在的温柔,发生了翻天覆地的变化。从音乐的角度来说,就相当于从主歌转成了副歌。

听到这句话,那位刚才脸上还是一副快要哭出来的表情的职员,突然露出了被拯救的笑容,说:"好的,拜托您了。"

看到这里,我不禁感叹,不愧是受下属信赖的领导啊,真是与众不同,让我感到十分钦佩。

先传达"让对方做好心理准备的话"

虽说要改变说话的模式,但这样的"高手技巧"也并非轻而易举就能掌握的。

那么,具体应该用怎样的话术呢?下面我简要介绍一下。

在对方说完后,当你无论如何都想表达比较严厉的意见时,请你将原本温和的表情变得阴沉一些,并降低声调,试着这样询问对方。

"我接下来的话,可能会是一种批评,我可以说吗?"

"我能说一些比较严厉的话吗?"

"我希望你有所成长,所以想说一些比较严厉的话,可以吗?"

想向对方提出"建议"时,要先获得许可。而向对方提

| 第五章 |
建立"良好人际关系"的对话技巧

出"强烈的意见"时，即使获得了许可，也要**"提醒对方做好倾听的心理准备"**。

也就是说，"接下来我要说严厉的话，所以请你做好心理准备"。

听到这样的话，人们说"不，我不想听，请不要说"的情况真的很少见。大多数人会一边忐忑不安地想着"对方会说些什么严厉的话呢"，一边回答说"好的，拜托了，请说吧"。

这样一来，因为对方已经下定决心倾听，所以你就能表达"强烈的意见"了。

这句话的好处是，被这样说的人，会因此调整好心态，做好"我整个人都将被否定"的心理准备。

如此一来，会发生什么呢？

对方听了你的"强烈的意见"，应该会这么想：

"因为对方突然低声说'这可能会是一种严厉的批评'，我还以为他会提出多么严厉的意见呢，幸好没什么大不了的……"

是的，对于你的"强烈的意见"，**对方会觉得"居然只是这种程度"**，于是松一口气。

171

即使你的"强烈的意见"真的是"相当严厉的意见",但因为对方是事先做好心理准备再听的,所以也不会受到太大的打击。

而且,说出"请说吧"、给出许可的人是对方,所以对方也不会对你大发雷霆。

说句题外话,过去刑警电视剧的主人公,无论是刑警可伦坡,还是古畑任三郎,在和犯人对话、指出对方语言上的矛盾时,都会询问:"不好意思,最后我还有一个问题,我可以问吗?"在获得发言许可后,他们才会说出一句切中要害的话。

因此,当你向对方提出"严厉的意见"或使用"近似否定的语言"时,请意识到"要先让对方做好心理准备"。

07 自己因对方的话而变得情绪激动，这时该怎么办？

不要在感情上"意气用事"

这是"建立'良好人际关系'的对话技巧"这一章的最后一节。

最后，我想告诉大家的是，当你和对方交谈时，何止"想要否定对方"，**甚至到了"非常生气，情绪近乎失控"的地步，这种时候到底该怎么办才好？**

本书介绍了很多"不否定的技巧和习惯"。

话虽如此，但你我都是普通人。在听了对方的话之后，肯定也会有情绪激动的时候。

这时，重要的是**"自己能否意识到自己的情绪变化"。**

是在认识到"啊，我现在很生气"的基础上，告诉对方"我现在非常生气"，还是放纵自己的情绪，说"你在开什么玩笑"，像这样不受控制地大喊大叫呢……

同样是生气，但仅凭一念之差，对方的反应就会完全不同。

对方的反应是自己的反应的一面镜子。

如果你内心愤怒，但在最后一刻冷静地用语言表达出来，那么对方也会冷静地接受并回复"啊，对不起，是我说得太过了"；但如果你在感情的驱使下大喊大叫，对方就更会高喊"我可不是在开玩笑"。这样一来，双方的对话就成了你来一言我还一语的争吵。

你要明白，无论多么生气，**情绪激动、"意气用事"都不会带来好的结果。**

虽然没有必要一直压抑自己的愤怒，但也请尽量避免未经慎重思考而意气用事，不要冒失地把情绪发泄到对方身上。

"实际上，你传达好你的感情也会让对方感到安心"，这是一个重要事实。

如果有生气这种情绪，那么在将这种情绪传达给对方时，最好将主观信息转换成客观信息。

例如，对迟到好几次的员工，试着这样说：

"对于你每天都迟到的行为，我感到很生气，希望你能

| 第五章 |
建立"良好人际关系"的对话技巧

改正这一点,你怎么看?"

这是在传达自己感情的基础上,客观地呼吁对方进行改善。如果你抛出这样的问题,下面就轮到对方回答了。

对方只能回答:"对不起,我一个人住,没有叫醒我的人,不小心睡过头了,所以迟到了。"

尽管如此,在这里,如果你反问对方"你也觉得迟到是不对的吧?",对方也只能回答"是"。

而最后冷静地问"你怎么看?"便是这种方式的独特之处。

作为人,当然会有想要否定对方的时候,因为我们是人,所以在日常生活中有时会变得情绪化。

或者,原本你并不打算否定,只是出于好意脱口而出的一句话,在对方听来,却像是批评一样。因为是在无意中说的,所以会让气氛变得很尴尬。

像那样的事情,我觉得也是很有可能发生的。我们不可能对所有可能会被认为是否定的交流都防患于未然。

这时,如果你能想起本书中介绍的对话技巧,以及塑造不否定思维的方法,就一定能从那个当下开始与对方建立良好的关系。

啊, 你说得对

结　语

针对"不否定"这一沟通习惯的养成，本书以我迄今为止的经验为基础，对如何在日常对话中使用细致而礼貌的对话进行了介绍。

在撰写这本书时，我对自己在日常生活中"是否在无意识中否定过某人"进行了回顾。作为沟通专家的我，在很多时候也会进行可能被对方认为是否定的交流。在我意识到这一点时，我对自己也很失望。

我们都是有感情的人，当然会有想要顺从这种感情去否定对方，或者用强硬的语言去制止对方的时候。又或者，也会有想要热心进言的瞬间。

我认识到，事实上，无论是谁，哪怕作为沟通专家，哪怕像我们这些熟练运用沟通技巧的专业培训师也一样，都会有明明知道不可以，却还是抑制不住冲动的时候。

我最后想要传达的信息，并不是希望你们把这些冲动全部封印起来，"过着没有否定的生活"，而是想要告诉你们"从任何地方都可以重新开始"。

我将这一点称为"recovery attempt（修复尝试）"。它指的是，回顾已经发生的事情，也就是回顾过去。虽然已经过去的事不会发生任何改变，但是"今后"，也就是未来，完全可以由我们自己选择并创造。也就是说，我们可以自己创造这种契机。

本书介绍了很多这样"修复尝试"的技巧和思维方式。

"啊，我不小心进行了否定！"

意识到这一点的瞬间，就是本书该出场的时候了。请大家一定要尝试一下我所说的方法，希望你们能够切实感受到这种效果。

然后，随着使用"不否定"这种新型沟通方式的读者不断增加，我们平时的沟通方式也会变得更加柔和。

对话也将变得更加丰富，带来的结果便是人人都会变得更加友好，会产生很多新想法，让人类所拥有的能力开花结果。虽然说只是交流，且只是通过不否定每一次对话

| 结　语 |

这样的小事来推进，但日积月累，就会与人类的进化联系起来。

我每天都这样想，认真地对待和眼前人的对话。

好了，我想说的话也差不多说完了，最后我还想提一提关于"人"的事。

这本书不是依靠我一个人的力量完成的。

是编辑鹿野哲平先生给了我创作这本书的契机。我得到了一个非常宝贵的机会，让我从"不否定的对话"这一新的切入点来思考我的专业——沟通技巧培训，真的非常感谢。同时，这一经历也给我自己的专业活动注入了新的气息。

还有西泽泰生先生，他认真整理了我写得不好的文章，并对我的不足之处进行指导和补充，他也是我不可或缺的伙伴。通过西泽先生的质询，本书也产生了很多方法和案例。

多亏了这两位先生的帮助，这本书才得以完成。

同时，本书中出现的事例，都是我通过培训指导，从与大家的交流中获得的智慧。这些人包括我曾遇到的许多领导、在我身边学习的各位学员，以及作为我左膀右臂活跃的弟子们。如果没有大家的参与，将会有很多智慧无法被传达。一直以来真的非常感谢你们。

最后，在谈论"人"时，还有一个不能忘记的人。没错，就是"你"。

我衷心地为本书能与你相遇感到高兴。

我衷心希望，你能与你认为重要的人更加顺畅地进行交流，通过与他人的对话让内心平静，轻松地建立良好的人际关系。

本书将成为你创造"理想未来"的力量。

非常感谢你读到最后。

林健太郎

"HITEI SHINAI SHYUKAN" by Kentaro Hayashi
Copyright © 2022 Kentaro Hayashi
All Rights Reserved.
Original Japanese edition published by FOREST Publishing, Co., Ltd.
This Simplified Chinese Language Edition is published by arrangement with FOREST Publishing, Co., Ltd.
through East West Culture & Media Co., Ltd., Tokyo
Simplified Chinese edition copyright©2025 by China South Booky Culture Media Co., Ltd.

© 中南博集天卷文化传媒有限公司。本书版权受法律保护。未经权利人许可，任何人不得以任何方式使用本书包括正文、插图、封面、版式等任何部分内容，违者将受到法律制裁。

著作权合同登记号：字 18-2025-010

图书在版编目（CIP）数据

啊，你说得对 /（日）林健太郎著；黄少安，洪欣怡译. -- 长沙：湖南文艺出版社，2025.3. -- ISBN 978-7-5726-2283-0

I. C912.11-49

中国国家版本馆 CIP 数据核字第 2025JR3321 号

上架建议：人际沟通

A, NI SHUO DE DUI

啊，你说得对

著　　者：[日]林健太郎
译　　者：黄少安　洪欣怡
出 版 人：陈新文
责任编辑：何　莹
监　　制：邢越超
特约策划：王珩瑾
特约编辑：刘　静
版权支持：金　哲
营销支持：文刀刀
版式设计：李　洁
封面设计：张艾米
内文排版：百朗文化
出　　版：湖南文艺出版社
（长沙市雨花区东二环一段 508 号　邮编：410014）
网　　址：www.hnwy.net
印　　刷：北京中科印刷有限公司
经　　销：新华书店
开　　本：775 mm × 1120 mm　1/32
字　　数：105 千字
印　　张：6.25
版　　次：2025 年 3 月第 1 版
印　　次：2025 年 3 月第 1 次印刷
书　　号：ISBN 978-7-5726-2283-0
定　　价：48.00 元

若有质量问题，请致电质量监督电话：010-59096394
团购电话：010-59320018